Freya Klier

Wir Brüder und Schwestern

Geschichten zur Einheit

Ullstein

Ullstein Taschenbuchverlag
Der Ullstein Taschenbuchverlag ist ein Unternehmen der Econ Ullstein List
Verlag GmbH & Co. KG, München
1. Auflage 2002
© 2000 by Econ Ullstein List Verlag GmbH & Co. KG, München / Ullstein
Berlin
Umschlagkonzept: Lohmüller Werbeagentur GmbH & Co. KG, Berlin
Umschlaggestaltung: Büro Jorge Schmidt, München
Titelabbildung: Nadja Klier, Berlin
Druck und Bindearbeiten: Elsnerdruck, Berlin
Printed in Germany
ISBN 3-548-36338-5

Inhalt

»Wir Brüder und Schwestern«

So hat also auch die deutsche Einheit ihre zehn Jahre auf dem Buckel.

Den Reden zur Nation ist der salbungsvolle Klang abhanden gekommen, die der Einheitsgegner sind mittlerweile verramscht. Zu Beginn des neuen Jahrtausends herrscht das, was wir etwas diffus gesamtdeutsche Normalität nennen: Man murkst wieder im überschaubaren Karree und niemand käme mehr auf den Gedanken, Manager-Seminare für deutsch-deutsche Umgangsformen anzubieten. Wer aus Berufsgründen zur Rückschau verdonnert ist, muß oft noch mal in den Annalen blättern. Dann kehren sie wieder, die Bilder der über die Elbufer schwappenden Euphorie, der Scharen von Menschen, die über die Brücken strömten, der Todesstreifen, die sich plötzlich in Flaniermeilen verwandelten.

Wie ist es uns ergangen, die wir seit zehn Jahren an einem Tisch sitzen? Sind wir einander näher gekommen? Haben wir die jeweils andersartigen Rituale verdaut?

Dresden könnte Hamburg heute mit einer Flaschenpost grüßen, ohne ein ganzes Grenzbataillon in Alarmbereitschaft zu versetzen. Die Lust auf derartige Eskapaden hält sich sichtbar in Grenzen. Ost und West scheinen sich im unterirdischen Einklang darüber zu befinden, die Begeisterung füreinander nicht weiter künstlich zu strecken, einander bei Hochwasser aber auf jeden Fall beizustehen. Mitunter treffen wir sogar schon den richtigen Ton am richtigen Ort.

Irgendwann haben die Analytiker der Einheit herausgefunden, daß der Osten *anders tickt*, daß dort langsamer gesprochen, früher ins Bett gegangen und zwei Jährchen früher gestorben wird … man aber zum Ausgleich dort mehr Sex hat als bei den Brüdern und Schwestern im Hochglanzgebiet. Der Osten liegt seit Jahren derart fixiert auf der Analysecouch, daß man leicht übersieht: Auch der Westen hat seine Einheitspatienten.

Der Mauerfall hat ein Begriffspaar geboren, das vielen heute zur persönlichen Ortung dient – zu Ost-West gesellten sich *Einheitsgewinnler* und *Einheitsverlierer*. Da mögen nun subjektives Empfinden und Tatsachen weit auseinanderklaffen, doch schlängelt sich die Zuordnung endlich quer durch die Lande.

An den Abstürzen und Aufstiegen der Prominenten durften wir ausgiebig teilhaben. Was aber ist mit denen, die nie im Rampenlicht standen – haben die nicht auch gehofft und gebangt, vielleicht die Koffer noch einmal gepackt und keineswegs nur in Richtung Westen?

Ein bißchen Aufmerksamkeit, meine ich, verdienen auch sie. Und mögen Geschichten noch so gut erfunden sein – auch die sind es wert, erzählt zu werden, die das Leben selbst geschrieben hat, so wie diese hier.

Jagd-Szenen

Eines grimmigen Wintertages kommt das Regiment 24 der DDR-Grenztruppen einer Verletzung des antiimperialistischen Schutzwalls auf die Spur. Wir schreiben den 7. Dezember 1983, und der Tatort befindet sich inmitten des Wustrower Grenzknicks.

Was der Wustrower Grenzknick ist?

Ein lausiger Winkel zwischen der Altmark und dem Wendland, zwischen den Städtchen Salzwedel und Lüchow. Östlicherseits wirkt die Gegend ziemlich verlassen. Westlicherseits aber liegt das Zonenrandgebiet, in dem ein zorniges Völkchen der Niedersächsischen Landesregierung seit Jahren Ärger bereitet: Es weigert sich hartnäckig, Bewohner eines *Atommüll-Klos* zu werden, wie es den Salzstock in der Nähe von Gorleben nennt, in dem der BRD-Nuklearabfall endgelagert werden soll.

Dort also, *feindwärts* der Grenze, geht es keineswegs friedlich zu, erwartungsgemäß. Vor einigen Jahren sind 140 000 BRD-Demonstranten gen Hannover gezogen, etliche auf ihrem Traktor sitzend, und auch derzeit liegt wieder Größeres in der protestgeschwängerten Luft.

Das, wie gesagt, prägt die Atmosphäre dort, wo der absterbende Kapitalismus noch einmal kräftig um sich schlägt. *Freundwärts* der Verteidigungsanlage herrscht Frieden, gehen die Bauern ihrer Arbeit nach, statt Straßen zu blockieren. Die friedliche Atom-Politik der DDR wird vom Volk getragen, und sollte ein konterrevolutionäres Element es wagen, Atomstrom prinzipiell zu kritisieren, landet es dort, wo es hingehört – hinter Gittern.

Doch zurück zum Wustrower Grenzknick, der ein gutes Sicherheitsstück weg von Gorleben liegt und den Friedensschützern schon seit Jahren keinen großen Kummer mehr beschert. Die zwei Dutzend Grenzverletzer, die in diesem Abschnitt ihr kriminelles Tun mit dem Leben bezahlten, verteilen sich über zwei Jahrzehnte. Und daß der CDU-Ortsverband Lüchow-Dannenberg jeden 17. Juni an der Grenzsäule 391 seine Hetzveranstaltung durchführt, löst kaum mehr aus als wachsame Gelassenheit und den üblichen Schriftkram. Desgleichen die Bagatell-Delikte: Vor kurzem ballerte mal ein Jäger aus Versehen in Richtung DDR, und irgendwann ist die alte Grenzsäule Nr. 414 abhanden gekommen, unter nie geklärten Umständen ... Das ist schon alles, mehr wäre vom Grenzknick, der sich unauffällig in die Kalte-Kriegs-Landschaft fügt, nicht zu berichten. Das Regiment 24 schiebt hier eine ruhige Kugel, die Minen und Selbstschußanlagen sind Abschreckung genug. Diesseits und jenseits des antiimperialistischen Schutzwalls herrscht eine biotopische Ruhe, in der sich nur noch Hase, Sau und Reh *gute Nacht* sagen.

Womit wir bei unserer deutsch-deutschen Begegnungsgeschichte angelangt wären. Die beginnt an eben jenem 7.Dezember 1983, unter zunächst wenig versöhnlichen Umständen. Als zwei Friedensschützer routinemäßig den Abschnitt kontrollieren, der *feindwärts* von Sperr- und Schießanlagen liegt, jedoch zum Territorium der DDR gehört, sticht ihnen plötzlich

10

ein Objekt ins Auge – eine kleine grüne Holzbude mit einem Dach aus Wellasbest und fensterlosen Luken!

Unverzüglich gehen die beiden in Deckung. Die erste Spähanalyse ergibt: Das Objekt, auf einen einachsigen Hänger montiert, wurde per Traktor oder Lkw auf DDR-Hoheitsgebiet gezogen.

Schweigend liegen die Genossen im gefrorenen Schilf. Als die Kälte in ihr Gedärm kriecht, sich aber weder vor noch hinter ihnen etwas rührt, robben sie näher: Das Objekt ist leer. Durch Untersuchung des Geländes stoßen sie auf eine Maiskörnerspur, die sich *freundwärts* bis zur Grenzgrabenböschung zieht und sofort ausgemessen wird. Mit absoluter Sicherheit konstatieren die beiden Aufklärer: Hier handelt es sich um BRD-Mais ... gestreut von *Unbekannt*. In Nähe des alten Grenzzauns entdecken sie zudem würfelförmiges Lecksalz, das mittels eines Rohres im gefrorenen Boden befestigt ist. Mit tschekistischem Spürsinn kombinieren sie, daß es sich bei *Unbekannt* mit hoher Wahrscheinlichkeit um einen, wenn nicht mehrere Jäger handelt – BRD-Jäger, die das Territorium der DDR widerrechtlich genutzt haben! Sie erstellen eine Fotodokumentation.

Klar ist, daß es sich hier um einen operativ bedeutsamen Vorgang handelt, der Aufklärungsprotokolle, Maßnahmepläne und eine erneute Untersuchung des Ereignisortes nach sich zieht. Dabei fördern die Stablampen ans Licht, daß bereits eine mehrmalige Verletzung der DDR-Staatsgrenze vorliegt – in einem Gelände, das durch wilden Bewuchs und eine überwucherte alte Sperranlage kaum einsehbar ist.

Innerhalb zweier Tage erarbeitet das Grenzkommando Nord, Unterabteilung *Aufklärung Salzwedel*, einen operativen Maßnahmeplan, um den bzw. die Täter zu ermitteln und ihre Ziele politisch-operativ auszuwerten. Ließe sich das Grenzvergehen nicht für einen Anwerbeversuch nutzen?

Für die ›*Kontaktaufnahme zu unbekannten Tätern*‹ stellt der Staatssicherheitsdienst zwei Sonderoffiziere ab, die schon kurz darauf unter verstärkter Rückendeckung durchs winterliche Gestrüpp schleichen. Für die Hilfestellung bei der Überwindung der Sperranlagen gelangen ein Major, ein Hauptmann und ein Oberleutnant zum Einsatz. Zusätzlich sichert ein Oberstleutnant des Regiments 24 ab, daß nicht etwa die Selbstschußanlage losgeht, während die Genossen klettern. Der gesamte, sich über vier Stunden erstreckende Coup geht mit einer Überwachung des gegnerischen Funkverkehrs einher.

Nachdem also die beiden Kundschafter mit Hilfe von Genossenhänden und Leitern den Grenzzaun I überwunden haben, entdecken sie auf ihrer Pirsch einen blauen, an mehreren Stellen aufgerissenen Folienbeutel, aus dem Knochen und Federn lugen und der einen süßlichen Verwesungsgeruch ausströmt. Nicht weit davon finden sich zwei Schrotpatronenhülsen Marke *Winchester 12* – keiner Produktion also aus sozialistischen Staaten. Im Grenzgraben dann, dem ausgetrockneten Flußbett der alten Dumme, stoßen sie auf das grüne Objekt und die Salzlecke ... Lediglich die Maisspur ist verschwunden.

Tatsächlich, dieses durch wilden Bewuchs weder *freund*- noch *feindwärts* einsehbare Gelände wäre ein idealer Ort für konspirative Treffen. Doch einen Schritt nach dem andern ...

Auf der zum Kirren von Schwarzwild bereiteten Salzlecke hinterlegen sie eine Flaschenpost – eine Seltersflasche, aus deren Hals das Pappstück einer Zigaretenschachtel der Marke *F 6* lugt. Auf diesem die handgeschriebene Mitteilung:

> *Tauschangebot!*
> *Salzlecke bleibt – wenn Flaschentausch.*
> *Sollten wir Gelegenheit haben, holen wir sie am*
> *Freitag ab.*
>
> *Weidmannsheil*

Nachdem erneut jedes Detail fotografiert ist, kehren sie in Erfüllung ihres Auftrags in die friedliche Hälfte Deutschlands zurück.

Wird der ... werden die Täter auf den Kontaktversuch reagieren? Wenn ja, sind Maßnahmen zur Identifikation zu ergreifen, um über das weitere Vorgehen zu entscheiden.

Die Woche darauf, es hat geschneit und die Bürger von Salzwedel und Lüchow sind in grenzüberschreitender Eintracht mit Weihnachtseinkäufen befaßt, überwinden die beiden Genossen unter Großabsicherung erneut das schützende Bollwerk. Geduckt bewegen sie sich in Richtung Graben; als ein gegnerischer *Alouette-2*-Hubschrauber die Grenzanlagen überfliegt, machen sie sich professionell unsichtbar.

Kurz darauf werden sie auch im Schnee fündig: eine Maisspur, ein neuer Folienbeutel und Fußabdrücke, die von ein und derselben Person stammen. Der Beutel, diesmal weiß und dadurch vom Schnee kaum zu unterscheiden, trägt die Aufschrift eines Modegeschäftes in Lüchow. Aus ihm ziehen die Genossen eine in Watte verpackte Whiskyflasche und vier Schachteln Zigaretten unterschiedlicher Marke, die sie auch dann ordnungsgemäß abliefern würden, wenn sie starke Raucher wären. Dazu ein netter Gruß.

Jäger, wie sie den Unbekannten bereits provisorisch getauft haben, scheint ein passabler Kerl zu sein. Und er hat positiver auf den Kontaktversuch reagiert als erwartet.

Sieht so aus, als könne man im alten Jahr noch einen Erfolg verbuchen. Prompt steigen die beiden *Postillions d'MFS* am folgenden Tag erneut über die Leiter, um sich bei *Jäger* mit Weidmannsheil zu bedanken und dabei Tag und Uhrzeit zu hinterlassen, wann sie das nächste Mal an der Salzlecke vorstellig zu werden beabsichtigen. Nachdem sie die für den Normalsterblichen todbringende Hürde wieder *freundwärts* passiert haben, verfassen sie in der warmen Stube ihrer Diensteinheit einen detaillierten Reisebericht.

Das Christfest naht. Und während Schwippbögen und Lichterketten die Städtchen in pure Gemütlichkeit tauchen, nimmt in einem verlassenen Gestrüpp der deutsch-deutsche Gabentausch weihnachtliche Ausmaße an.

Inzwischen hat das Grenzregiment einen bequemeren Weg für die Genossen installiert, eine Art Schleuse – statt mit steifen Knien über hohe Leitern zu kraxeln, ist nur noch ein kleines Streckmetallfeld zu überwinden.

In jedem Fall aber ist revolutionäre Wachsamkeit geboten. Um zu vermeiden, daß die beiden Genossen in einen feindlichen Hinterhalt geraten, sind Kämpfer der unsichtbaren Front in Kompaniestärke am Werk: Jede Bewegung in Schilf und Gestrüpp wird registriert, das Kennzeichen jedes Fahrzeugs im Beobachtungssektor notiert. Jeder arglos in feindlicher Ferne Vorbeiradelnde landet im Fahndungsraster der Staatssicherheit.

14

Am Frühnachmittag dieses ganztägigen Einsatzes kehren die Genossen mit einer Überraschung zurück: Der geheimnisvolle *Jäger* ist eine *Jägerin!* Wieso haben sie das nicht gleich gemerkt? So warmherzig, wie die neue Botschaft verfaßt ist, kann das doch nur eine Frau formuliert haben:

Fröhliche Weihnachten wünscht Euch die Jägerin, die Euch für Euer Verständnis dankt. Anbei eine Kleinigkeit zum Aufwärmen.
Schreibt mir, was Ihr braucht und welche Marken, ist 'ne Kleinigkeit. Jagt mir mal 'ne Sau rüber. Hab schon Blasen vom Ansitzen und kein Aas kommt, nur Fiskus ballert immer, wenn sie bei mir durch wollen, na ja Jägerpech!

Für heute ein Herz.
Weidmannsheil

Nun läßt sich auch das MfS nicht lumpen; die beiden machen ein zweites Mal rüber und revanchieren sich mit einem ebenfalls alkoholischen Getränk und der Botschaft:

Dem Weidmann ein frohes Weihnachten und ein kräftiges Weidmannsheil für 1984.
Kommen wenn möglich am Mittwoch (28.12.) zwischen 15.00 und 16.00 Uhr vorbei.
Flasche bringen wir mit.

Herzlichen Dank.
Über die Sau läßt sich reden.

Finden sie eine Flasche als Köder plötzlich zu mickrig? Umgehend wird das Weihnachtsgeschenk noch einmal aufgestockt ... um 1 Flasche Sekt, 2 Flaschen Nordhäuser Doppelkorn, 1 Seidenschal mit Jagdmotiven und 1 Flintenlaufgeschoß (12er Brennecke). Dazu wünscht man der Waidgenossin ebenfalls *Frohes Fest* und *Gutes Büchsenlicht.*

So, nun wird erst mal Christi Geburt gefeiert, *feindwärts* mit Engeln und *freundwärts* mit Jahresendflügelfiguren – beidseits im Warmen. Schilf und Gestrüpp der ausgetrockneten Dumme gehören am Heiligabend ausschließlich dem Getier.

Kaum aber ist der Gänsebraten verdaut, kommt auch wieder menschliches Leben in den Wustrower Grenzknick. Zunächst schleicht von Richtung West die *Jägerin* heran, um ihre Gaben einzusammeln. Dann, noch in der morgendlichen Dunkelheit des 28. Dezember, passieren die beiden Spendier-Genossen Schleuse 1 und 2, um eine Telefonleitung zu einer konspirativen Stellung zu legen. Dort harren sie in Erfüllung ihres Klassenauftrags einen grimmig kalten Tag lang aus. Denn jetzt steht die Begutachtung der noch immer Unbekannten auf dem Programm. Schon weit im Vorfeld der nachmittäglichen Stunde wird jede Bewegung im Großraum *Grüne Hütte* registriert und durchgestellt, in sämtlichen erfaßbaren Details. Erfaßt werden: *Ein Hubschrauber/zwei Zivilisten mit grünem Regenumhang/ein lindgrüner Pkw R4/ein blauer Pkw VW Passat/ein grüner Pkw mit einem gelben, runden Zeichen an der rechten Tür ... und noch einmal die beiden Zivilisten im Regenumhang.*

Und selbstverständlich *Sie!* Als sie kommt, geben die Genossen eine wenig romantische Beschreibung durch: *Weibliche Person mit Eimer/geht auf die Salzlecke zu/legt dort 4 Folienbeutel ab/tarnt diese und bewegt sich zurück in Richtung Blütlinger Holz/Türen klappen – Motorgeräusche/Scheinbares Alter: 40 bis 45 Jahre/Größe: ca. 1,70 m/Figur: kräftig/Haarfarbe: hellblond, Soft-Fri-*

sur/Brille mit rosa Plastgestell/Bekleidung: graublauer Regenmantel, blaue Hose, grüne Jägerstiefel mit heller Sohle, von vorn zu schnüren.

Es scheint, als habe man die Jägerin bereits angekirrt:

> *... Schal und Patrone werden in Zukunft meine 2 Talismänner sein + die Flaschen werde ich mit meiner eingeschworenen Crew (4 Mann, alles dufte Kerle) auf Euer Wohl kippen. Aber in Zukunft seid Ihr meine Gäste + die dürfen sich nicht in Unkosten stürzen.*

Ihre schwärmerische Rückmeldung garniert sie mit einem delikaten Silvester-Büfett: Lachs und Aal (frisch aus Hamburg) sowie Forelle (frisch aus dem Eis) mit Zitronen und Apfelsinen zum Abschmecken, dazu die passenden Getränke.

Natürlich ist sie enttäuscht, daß die geheimnisvollen Ost-Männer nicht, wie angekündigt, erschienen sind. Doch länger warten kann sie leider nicht:

> *... Leider muß ich arbeiten, denn ich habe seit gestern Räumungsverkauf wegen Umbau, kann man leider nicht verschieben. Wir werden uns ein andermal treffen. Für heute erst mal einen Guten Rutsch + schreibt, wann Ihr da seid, da ich ungern Eßwaren über Nacht lasse. Muß Schluß machen, da der Laden voll wird.*

> *Herzl. Weidmannsheil*
> *Anita Schulz*

Ach, Anita! Warum müssen Frauen immer auf alles reinfallen ... glaubst du denn, du hast es hier mit dem Salzwedeler Skatverein zu tun? Von wegen ›*dufte Kerle*‹! Daß du nicht wirklich *Anita* heißt, werden sie schnell herausfinden. Spielt aber keine Rolle, denn einen Decknamen haben sie dir bereits verpaßt – *Fiscus*.

Und die beiden Genossen?

Fies, wie die Stasi nun einmal ist, verlassen sie ihr Versteck erst, nachdem Anita weg ist: »*Schade, daß wir uns nicht getroffen haben*« schreiben sie scheinheilig und hinterlegen ein tröstendes Fläschchen.

Unsere besten Wünsche und Weidmannsheil zum Neuen Jahr.
Bitten um Terminvorschlag zum gemeinsamen Anstoßen auf das Neue Jahr. (Psst). Vier Mann sind uns zu viel im Geschäft. Wir bleiben zu zweit.

Peter und Jürgen

Termin Anfang Januar ist gut
Erkennungszeichen: Winken mit dem Schal

Aha, *Peter* und *Jürgen*. Einfallsreich in der Wahl ihrer Decknamen war die Stasi ja nie. Ob die beiden von Aal und Lachs genascht haben, mag ihr vielleicht letztes Geheimnis bleiben. Daß die Jägerin nun nach allen Regeln der MfS-Kunst durchgecheckt wird, daß sämtliche Speicher und vorhandenen Presseorgane auf die genannte Person hin durchforstet werden – dazu Hinweise auf einen Räumungsverkauf –, das ist kein Geheimnis mehr. Auch landen alle von *Fiscus* verfaßten Grüße im Schriftlabor: Schnell muß es gehen, die Ergebnisse bitte noch vor Jahresende.

Ist Anita etwa verliebt, in zweimal Mr. Unbekannt? Schon am übernächsten Tag liegt ein neues Care-Paket an der Salzlecke:

Hallo Jürgen und Peter!
Ihr seid Schlingel, Ihr sollt doch nichts hinlegen zur
Post, Ihr macht mich sonst zur Säuferin.
Ananas fehlten noch fürs Büfett und Sardinen. Habe ab
Neujahr, also vom 1. an, immer mal Zeit.
Sagt an, Ihr müßt Euch ja nach dem Dienst richten; zu
dem (Psst): Ich halte es generell so, was keiner weiß,
macht keinen heiß.
Die andern wissen nur von der ersten Post ...

Treffen wohl besser etwas weiter vorn, wo das Schilf
anfängt. Aber diesmal bring ich die Flasche mit.

Bis bald, rutscht gut rein
Weidmannsheil Anita

Na also, die Sache läuft doch prima.

Als das neue Jahr anbricht – es wird als Jahr des
Massen-Exodus in die Geschichte der späten DDR
eingehen –, sammeln die Genossen die letzten Vor-
jahrsgaben samt Post ein: Südfrüchte, Kaffee, Zigaretten, Süßigkeiten, Sardinen, Whisky. Für den Brief,
so protokollieren sie, wurde ein Kalenderblatt A 5
vom 8./9. Januar 1983 verwendet. Die Jägerin signali-
siert eine Geheimhaltung ihrer Aktivitäten, das ist gut
so. Da die Motive hierfür jedoch noch nicht erkenn-
bar sind, ist nicht auszuschließen, daß sie gegnerische
Kräfte in Kenntnis gesetzt hat und nun in deren Auftrag handelt. Tschekistische Wachsamkeit ist geboten,
trotz allem.

Noch einmal kommt es zum geheimnisvollen Post-
tausch. *Freundseits* von mehreren Dienstgraden abge-
sichert, passieren *Jürgen & Peter* im Schutz von Dunkelheit und Abriegelungsposten die Schleusen.

Konzentriert sich das Grenzregiment bereits zu sehr auf *Fiscus?* Am gleichen Tag durchbricht nur drei Kilometer weiter ein Angehöriger der VP Salzwedel die Sperranlagen, in eindeutig fahnenflüchtiger Absicht. Da er weder gestellt noch von einer Selbstschußanlage zerfetzt wird, muß er sich im Gelände ausgekannt haben.

Wünschen wir dem Flüchtling viel Glück und wenden wir uns wieder dem Wustrower Grenzknick zu. Denn dort vollzieht sich am 7. Januar 1984 (und damit ein halbes Jahrzehnt vor dem gesamtdeutschen Rest) die Wiedervereinigung, bei starken Minustemperaturen. Der Aufwand *freundseits* ist beträchtlich: Im Einsatz sind der Kommandeur für Grenzsicherung und der Kompaniechef der zuständigen Einheit. Ein weiterer hoher Dienstgrad übernimmt das Freiräumen des Grenzabschnitts von ahnungslosen Posten. Der Funksprechverkehr der gegnerischen Grenzüberwachungsorgane bleibt durchgehend angezapft.

Zunächst werden zwei Genossen durch die Grenze geschleust, die den Beobachtungsposten beziehen sollen, um dort zehn Stunden in der Kälte auszuharren – jeden nahenden Trecker meldend, jedes noch so ferne Arbeitsgeräusch, jede Bewegung am Boden und in der Luft, jeden harmlosen Spaziergänger.

Als *Jürgen & Peter* kommen nun, da es ernst wird, zwei jagdkundige Majore zum Einsatz, ausgestattet mit einer Kombi aus Jägerkluft und Uniform sowie den entsprechenden Waffen.

Als 12.30 Uhr die Stunde der deutsch-deutschen Begegnung naht, prescht lediglich noch eine Sau durchs Schilf. Dann endlich kommt es zu einem störungsfreien, harmonischen Rendezvous. Anita, das Seidentuch mit den Jagdmotiven um den Hals geschlungen, rollt per Pkw heran. Sie begrüßt die Jungs, als kenne man sich schon länger und lädt zum Imbiß ein: Den Korb mit Getränken und Delikatessen hat sie schon im vorhinein hinter einem Schilfstreifen deponiert, dazu ein handgefertigtes Schild mit der Aufschrift *Imbiß-Stelle*.

Die Gläser hat die Stasi mitgebracht.

Ohne Umschweife geht man zum *Du* über. Forsch plaudert *Fiscus* über dieses und jenes, und lediglich ein leichtes Handzittern beim Einschenken des Kaffees verrät, daß sie eine innere Erregung zu überspielen sucht.

Während des zweistündigen Plauschs an der versiegten Dumme klingt die Erregung allmählich ab. *Jürgen* spielt Balzen. Anita fühlt sich hofiert wie schon lange nicht mehr und sprudelt wie eine Quelle: Daß sie früher mal Tänzerin und Assistentin eines Zauberkünstlers war und aus dieser Zeit ihr Künstlername Anita stammt, sie aber eigentlich Friedel heißt.

Daß sie mit einem Schweizer Geschäftsmann verheiratet war, den aber bald wieder verlassen hat – eine Zeit immerhin, aus der ihr ein Schweizer Paß geblieben ist. Von ihrer Rückkehr in die BRD erzählt sie, nach der sie etwas Eigentum verscherbelte, um in Lüchow ein Textil-Geschäft zu eröffnen. Ach, das interessiert *Jürgen & Peter* sehr! Und so lauschen sie beim Grog der Schilderung einer erfolgreichen Geschäftsführung, der Größe des Ladens und der sinkenden Kaufkraft im Raum Lüchow-Dannenberg. Vom zusätzlich eröffneten Textil-Shop erfahren sie, den *Fiscus'* Lebensgefährte führt, und einer weiteren Filiale in D. Klar ist der Räumungsverkauf nur ein Geschäftstrick, um staatliche Sanktionen zu umgehen ... Ach, ja?

Ein solches Interesse an ihrer Person vermißt Anita

21

schon seit langem. Detailfreudig beschreibt sie ihren Lebensgefährten, die Jagdfreunde und einen befreundeten Musiker aus Hamburg, den sie samt Kollegen ab und an zum Jagd-Blasen ins Revier einlädt. Der Pächter von nebenan kriegt einen Seitenhieb ab, wegen seines Jagdneides.

Und was ist mit den ungepflegten Rowdys, die in Gorleben das Gelände besetzen? *Fiscus* gibt bereitwillig Auskunft.

Was man in zwei Stunden nicht alles erzählen kann, wenn einem endlich mal zwei Kumpel von drüben zuhören. Für Anita fällt an diesem Januartag Abenteuer und Therapiestunde zusammen.

Feinfühlig greifen *Jürgen & Peter* die Themen auf. Sobald die Sprache auf Jagderlebnisse kommt, auf Schwarzwild und Rotwild, klinken sie sich fachgerecht ein, auf den *burschikosen Ton bei einer dennoch gepflegten Aussprache* eingehend.

Unterbrochen wird das Rendezvous nur dadurch, daß *Fiscus* mal kurz austreten muß. Danach setzt sie ein deutliches Zeichen ihrer konspirativen Bereitschaft: Nachdem sie ihr Auto auf einen uneinsehbaren Geländestreifen zurückgefahren hat, kehrt sie mit einem Jagdhut auf dem Kopf zurück, um ihr blondes Haar abzudecken.

Peter & Jürgen verabschieden sich mit Scherzen von ihrer Gastgeberin und versichern ihr, über ihre widerrechtliche Nutzung von DDR-Gebiet zum Zwecke von Fütterung und Jagd zu schweigen, um ihr Scherereien mit den Grenztruppen zu ersparen. Da die Sympathien auf Gegenseitigkeit beruhen, vereinbart man gleich das nächste Treffen.

Und während sich Anita aufgekratzt zu ihrem Laden aufmacht, beginnt für *Jürgen & Peter* sowie etliche ihrer Genossen die Fleißarbeit.

Detailliert aufgeführt werden Marke und Kennzeichen des Pkw der BRD-Bürgerin, ihre finanziellen Aufwendungen für das Jagdrevier, die Hobbys und ihre unbedarfte politische Einstellung. Dazu die Waffen, die sie laut Jagdschein führen darf – eine Pistole PPK Kaliber 7,62 mm, ein 22-Hornett als Schonzeitwaffe und eine Bock-Doppelflinte 11/70 Beretta sowie einen Winchester-Jagdkarabiner 30-6 mit Zielfernrohr Ziel 8 samt einem Fernglas der gleichen Vergrößerung – eine Waffe, bei der die Ladeeinrichtung defekt ist.

Zweifellos war das Treffen ein Erfolg. Der operative Kontakt ist hergestellt und Anita geht nun als IM-Kandidatin *Fiscus* in die Annalen der Staatssicherheit ein. Das Überprüfungswerk des Ministeriums spuckt eine Persönlichkeitsstudie aus, die eine variable Einsatzmöglichkeit verspricht.

Und wie könnte das operative Tempo beschleunigt werden? Hat *Fiscus* nicht gesagt, sie habe schon lange Zeit nichts mehr geschossen? Großzügig beschließt das MfS, ein Stück Wildbret für das nächste Rendezvous bereitzustellen.

Das könnte glatt als Camping-Picknick durchgehen, fände es nicht auf gefrorenem Boden statt und wären die Beteiligten nicht auf strengste konspirative Deckung bedacht. Auch daß die *Aufklärung Salzwedel* wieder eine geheime Telefonleitung gelegt hat, ist nicht gerade camping-gerecht. Doch hat sie den Ort des Rendezvous diesmal gemütlicher gestaltet und die mit Gestrüpp überwucherte alte Sperre aus übereinanderliegenden S-Draht-Rollen entfernt, auf einer Breite von sechs Metern. Auch die kreative Ausrichtung der kleinen Mittagsfeier geht auf ihre Tarnkappe: *Jürgen & Peter* schleppen einen Campingtisch heran, dazu drei Hocker und ein Schild mit der Aufschrift *Hubertusschenke – Grenzbereich*. Zur Tarnung gegen die feindliche Luftaufklärung wird ein Dach aus Zeltbahnen errichtet.

Anita ist tief gerührt. Es gibt Kaffee und Kuchen und danach wieder Grog. Den allerdings braucht es nicht, um ihre Zunge zu lösen, sie plaudert wie ein Wasserfall. Die Bänder des MfS füllen sich mit weiteren Details von *Fiscus'* Familiengeschichte, ihrer Varieté-Zeit, der anspruchsvollen Lebensführung, der verflossenen Ehemänner, der Finanzquerelen mit ihrem Geschäft. Offenherzig berichtet sie auch über einen Jagdfreund, der sehr verschwiegen sei und ihr volles Vertrauen genieße. Als *Jürgen & Peter* das Gespräch auf die DDR lenken, sind sie enttäuscht: Die Kenntnisse ihrer IM-Kandidatin beruhen auf nichts als den üblichen Manipulationen der BRD-Massenmedien.

Über sich selbst geben sie nur spärlich Auskunft. Und erst nach Aufforderung erzählen sie, daß sie verheiratet sind, Kinder haben und ihre Ehefrauen nichts von diesen Treffen wissen ..., was ausnahmsweise der Wahrheit entspricht. Daß allerdings kein Mensch im Osten über ihre geheimen Kontakte informiert sei, ist nun wirklich arg untertrieben.

Geschickt lenkt man das Gespräch zurück auf die Jagd. Und als die flintenfreudige Plaudertasche die Grenzen ihres Jagdreviers umreißt, bitten die beiden freundlichen Jungs, ihnen doch beim nächsten Mal etwas topographisches Kartenmaterial mitzubringen ... das würde ihre Arbeit enorm erleichtern. Kein Problem! Anita hat einen Bekannten beim Katasteramt, das läßt sich machen. Und weil man so schön bei Karten und ähnlichem ist, legen *Jürgen & Peter* ihr noch ein paar Fotos von Geländebesetzungen in Gorleben vor – *Fiscus* kann drei Personen identifizieren, von einem weiß sie sogar Arbeitsstelle und Wohnort. Das gibt einen Pluspunkt. Natürlich ist es kein Problem, Erkundigungen über weitere geplante Aktionen einzuholen, auch die Täter mal in ein harmloses Gespräch zu verwickeln, um ihre Absichten zu erfragen. Obwohl das nun wirklich nicht ihre Szene ist …

Nun aber Schluß mit der Fotoschau, es wird kalt am Hintern. Einen letzten Schluck Grog – zur Festigung des Kontaktes warten schließlich noch zwei Überraschungen: ein Stück Rehwild, ein Fasan und eine Flasche Sekt sowie eine Einladung zur Jagd in der DDR, eventuell schon im Herbst! Anita ist außer sich vor Freude. Und ach – wie wäre es das nächste Mal mit einem Hasen?

Zügig kehrt sie in ihren Laden zurück, noch ganz benebelt vom Charme und der Aufmerksamkeit, die ihr erneut zuteil wurden. Hat *Jürgen* diesmal nicht deutlich mit ihr geflirtet?

Aufgeschlossenheit, Abenteuerlust, Jagdleidenschaft und einen *Drang zur Anerkennung bei Männern* tippen östlich der Grenze die unbarmherzigen Finger von *Jürgen & Peter* in die Tasten. Das Duo darf sich des Lobes seiner Genossen gewiß sein, es hat die für heute gesetzten Zielstellungen erreicht. Und natürlich wird man sich in puncto Wildbret nicht lumpen lassen und statt des erbetenen Hasen gleich zwei bereitstellen.

Wacklig ist lediglich die Sache mit dem Jagdfreund, der scheint eingeweiht zu sein. Da müssen sie noch mal ein bißchen nachbohren.

Die drei denunzierten Gorleben-Besetzer werden eingespeist. Auch *Fiscus* selbst wird weiter überprüft, um auszuschließen, daß man sich einen Verfassungsschutz-Vogel ins Nest gelegt hat.

Beim nächsten Treffen, diesmal ist es ein scheußlich naßkalter Tag, wartet auf *Peter* ein anderer operativer Einsatz. *Jürgen* muß also allein an die Front – eine Herausforderung, die er zur Zufriedenheit seiner Genossen meistert. Die haben, als Ausgleich zur fehlenden Sonne, die Treff-Kulisse heute mit Jagdattributen verziert. Zudem hat sich das Grenzkommando Nord bezüglich des Wildes regelrecht ins Zeug geschmissen – ein kapitales Stück Rehkitz liegt an der Grenzsäule 404 bereit, dazu ein Hase und ein Wildkaninchen.

Wie bisher wird der Funksprechverkehr der feindlichen Grenzorgane rund um die Uhr belauscht, wie bisher ergibt die spätere Analyse feindliche Ahnungslosigkeit. Auch der Schleusungsvorgang von *Jürgen* wird wieder in Mannschaftsstärke bewältigt.

Anita kommt heute ein bißchen zu spät – peinlich, doch die mittägliche Ladenschlußzeit … na ja, und dann mußte sie erst mal nach Hause, um sich umzuziehen. Sie hat diesmal ein Foto von sich mitgebracht, eines, als sie noch jünger war und dem Zauberkünstler assistierte. Da nannte sie sich noch *Dora Dupont* – was ziemlich französisch klingt, wie *Jürgen* bewundernd feststellt. Das Foto gefällt ihm, das würde er gern haben – als Kopie natürlich, schließlich hat Anita nur noch dieses eine aus damaliger Zeit. Er wird es einfach an sich nehmen und beim nächsten Treffen wieder mitbringen. Und was ist mit den topographischen Karten?

Ja natürlich, alles erledigt: Hier ist die *Blütlinger Flur* und hier die *Deutsche Grenzkarte Nr. 11, Maßstab 1:5000* vom Niedersächsischen Landesvermessungsamt; dazu die Exemplare *Güstritz, Wustrow, Blütlinger Holz Ost, Buchhorst, Teplingen, Wustrow-Südwest* und

Königshorst. Sind alles Kopien aus dem Katasteramt Lüchow-Dannenberg, über einen Bekannten besorgt, der dort arbeitet und ein Kunde von ihr ist; dem hat sie irgendeine Legende von ihrem Jagdrevier erzählt, der kriegt dafür das nächste Mal bei ihr einen Preisnachlaß.

Jürgen und Anita strahlen einander an. Statt der Umweltschützer werden heute ein paar Angehörige der BRD-Grenztruppen verpetzt.

Weil zu Anitas Hobbys auch das Reisen gehört, wird sie jetzt für eine Woche nach Spanien fliegen, zum Baden. Nehmen wir einmal an, *Jürgen* würde zur Abwechslung auch gern am spanischen Strand liegen, statt sich in der Februarkälte den Hintern abzufrieren. Er würde diesen Wunsch niemandem eingestehen, vermutlich noch nicht einmal sich selbst: *Jürgen* hat eine Gehirnwäsche als Klassenkämpfer absolviert, er ist gedrillt auf Aushorchen plus Protokoll, auf Vorgesetzten-Lob und Gefühle, die ausschließlich im erlaubten Milieu kreisen. *Jürgen* also bleibt nur das Lauschen, und da gibt ihm *Fiscus* reichlich Futter. Ein Vorzugspreis für den Flug nach Spanien – geht denn das? Na klar! Souverän läßt Anita den netten, unbedarften Ostler wissen, wie das so langgeht im Westen: Sie kennt da einen Piloten von der Lufthansa, mit dem hat sie mal eine Zeitlang Geschäfte gemacht, kleinere Edelsteine und so … Also, der bucht den Flug für sie. Selbstverständlich fährt sie ohne ihren Lebensgefährten nach Spanien, man bringt ja auch keine Tauben mit, wenn man nach Venedig fährt … Das deutsch-deutsche Lachen bei diesem Schluck Grog darf als *übereinstimmend* bezeichnet werden.

Nach einer Stunde steuert der Imbiß plötzlich auf einen operativen Höhepunkt zu. *Fiscus* schlägt vor, ihren Jagdfreund in die Treffen einzubinden ... natürlich nur als Hilfestellung bei der Rückschleusung. Die Sensoren des MfS-Mitarbeiters gehen in Habachtstellung. Nein, nein, der ist verschwiegen wie sie selbst, man hat da eine Bindung durch gemeinsame Jagdvergehen, das Erlegen von Wild in der Schonzeit ...

Und was sie ohnehin mal wissen wollte: Hat sie es bei *Jürgen & Peter* etwa mit irgendwelchen Sicherheitsleuten der DDR zu tun? Nicht, daß sie da irgendwie erpreßt wird – sie hat so was schon in der Zeitung gelesen. Die Frage, gesteht sie offenherzig, stamme nicht von ihr, die hat ihr der Lebensgefährte mit auf den Weg gegeben. Außerdem sei das nur so eine Vermutung ...

Jürgen schaut so charmant er kann. Als er beim Lachsschnittchen die Frage eindeutig bejaht, kann er auf dem Gesicht seines Gegenübers weder Unsicherheit noch Enttäuschung feststellen. Also gesteht er der BRD-Bürgerin, daß er und *Peter* überzeugte Kommunisten sind, die bestimmte Aufgaben im Rahmen der Grenzsicherung zu lösen hätten. Natürlich mischen sich die dienstlichen Aufgaben mit einer großen Sympathie zu ihr, beide Seiten verbinde ja die gleiche Jagdleidenschaft und Naturliebe. Und inzwischen auch schon eine Freundschaft – oder nicht? Überdies bewundere er ihre Selbstsicherheit und ihren Mut ...

Auf die Mittfünfzigerin wirken die Komplimente wie ein Verjüngungsbad. Stolz notiert sie die nächsten ihr übertragenen Aufgaben. Das Besorgungspaket von Behörden- und Telefonverzeichnissen, Grenzbroschüren und Wirtschaftslexika wird sie ihrem Jagdfreund aufbrummen. Für die prompte Erfüllung der bisherigen Aufträge sattelt *Jürgen* zum bereits angelieferten Wild noch ein Buch mit Jagdgeschichten drauf. Danke, *Jürgen!* Und auch das nächste Mal – bitte das Wild nicht vergessen! Nein, dumm ist die Jägerin nicht – Wild schmeckt nicht nur gut, man kann es verkaufen und darüber hinaus im Bekanntenkreis als *selbst geschossen* deklarieren.

Doch nun geht es erst mal in den Süden.

Während sich *Fiscus* in der spanischen Sonne aalt, läuft die Maschinerie des MfS auf Hochtouren. Eine umfassende Personen- und Fahndungsüberprüfung rollt an, die vom Westen auf die Schweiz und Spanien ausgedehnt wird. Eingespeist werden *Dora Schulz* samt ihrer biographischen Angaben, der finanziellen und familiären Verhältnisse. Eingespeist werden *Dora* bzw. *Anita Dupont*, die auch in Frankreich und Italien aufgetreten sein soll. *Aufgeklärt* werden auch die abgelegten Ehemänner, der Lebensgefährte und der Jagdfreund. Dazu Beamte der Grenzabfertigungsstelle Wustrow, ein Angestellter des Katasteramtes Lüchow, ein aus dem Osten stammender Musiker der Hamburger Philharmonie (Bläsergruppe), der Inhaber einer Hamburger Gaststätte, ein Pilot der Deutschen Lufthansa, ein Feldwebel der Bundeswehr und ein paar Gestalten aus der alternativen Szene. Zu überprüfen sind Adressen und Telefonverbindungen in Hamburg, Tirol, Brussau, Wiesbaden, Lüchow und Dannenberg.

Die politische Analyse ergibt, daß *Fiscus* eine klassenkämpferische Null ist. Ihre ablehnende Haltung zum BRD-Staat bezieht sich ausschließlich auf dessen Steuer- und Kreditpolitik, die ihre Einkünfte schmälern. Doch stimmen die bisherigen Recherche-Ergebnisse des MfS mit den Auskünften der IM-Kandidatin überein – und somit gilt *Fiscus* als stasi-tauglich.

Zudem verfügt sie durchaus über Vorzüge, die sie als Spitzel qualifizieren: Sie ist redegewandt, wirkt *feminin und gepflegt*, hat ein rasches Kombinationsvermögen und zeigt eine für Frauen überdurchschnittliche Risikobereitschaft. Nutzbar sind ihre Kontaktfreude, die Jagdleidenschaft, der ausgedehnte Bekanntenkreis sowie ihr Hang zu jüngeren Männern. Operativ bedeutsam sind schließlich ihre Kenntnisse der Grenzlage, die Reiselust und der Drang zur Erschließung neuer Erwerbsquellen. Kurz: Anita alias *Fiscus* gilt den Genossen als operativ wertvolle IM-Kandidatin.

Gebräunt von spanischer Sonne taucht die Kandidatin zum nächsten Rendezvous auf, im Grenzgraben ist der März angebrochen.

Zur Vorbereitung waren wie stets Genossen in Mannschaftsstärke am Werk: Das Wild-Präsent mußte herbeitelefoniert, die Schleusen-Absicherung gewährleistet werden. Der Beobachtungsposten ist bereits seit Stunden besetzt, die Funkverbindung professionell koordiniert. Und selbstverständlich wird auch der heutige Plausch mitgeschnitten.

Für den deutsch-deutschen Begegnungsakt, zu dem heute Frühjahrsknospen und erste Wollgrasflöckchen eine hoffnungsfrohe Naturkulisse bieten, mußte zudem der Text entworfen werden, der den Pakt Anitas mit den Friedensschützern des Ministeriums für Staatssicherheit besiegeln soll. Denn die Zusammenarbeit ist endlich in eine verbindliche Form zu fassen. Der Pakt Anitas und ihres Jagdfreundes? Der will heute zum ersten Mal mitkommen, etwas später allerdings, er hat noch in seinem Geschäft zu tun.

Und so betritt Anita zunächst allein den Schleusenkanal, eine Tüte Streumais in der Hand, *Fütterung* spielend. Heute trifft sie wieder auf das Doppel *Jürgen & Peter.* Zunächst plaudert man ein bißchen über den Spanienurlaub, dann über den kommenden Skiurlaub, denn nach der Sonne zieht es die Jägerin nun in den Schnee.

Nicht, daß die beiden Freunde etwa denken, sie hätte nur gefaulenzt: Alle bestellten Bücher und Broschüren hat sie aufgetrieben, es fehlt lediglich ein Adreßbuch, das erst nächsten Monat neu aufgelegt wird. Und *Deutschland diesseits und jenseits der Grenze.* Um diese Broschüre zu kriegen, hat sie sogar den Minister für Bundesangelegenheiten von Niedersachsen angerufen, der kannte das aber auch nicht. Na ja, sie versucht es einfach weiter.

Und dann hat sie für die Foto-Fans aus dem Osten noch eine kleine Kollektion zusammengestellt: Das ist ihr Lebenskamerad und das hier ein Grenzer, mit folgenden Dienstzeiten ... Dieses zeigt die *Bildungs- und Begegnungsstätte für gewaltfreie Aktionen* in B.; das nächste den Jagdfreund und die beiden letzten ihr Geschäft, von innen und von außen. Dankend sacken die Foto-Freunde das Material ein.

Den Jagdfreund lernen sie kurz darauf persönlich kennen, ein ruhiger und sympathischer Mann, der artgerecht mit dem Decknamen *Hubertus* belegt wird. Und da nun endlich alle beieinander sind, kann man zur Sache kommen: Die beiden BRD-Bürger unterzeichnen ihren Pakt. *Hubertus* wird dabei lediglich die Aufgabe zugeteilt, die Schleusungen von *IM Fiscus* westlicherseits abzusichern.

Nach zwei Stunden, man hat noch einmal die gegenseitige Interessenlage erörtert, schleicht die Viererbande auseinander. Das Wildbret gibt's heute erst am späteren Abend, natürlich wieder bei Grenzsäule

404. Und leider wird es das vorerst letzte Wild sein – die Schonzeit naht, und auch das MfS hat so seine Jagd-Ethik.

Am Abend, in der Dunkelheit, fahren *IM Fiscus* und *IM Hubertus* zur Grenzsäule 404, um ihren naturalen Lohn abzuschleppen.

Das Frühjahr zieht ins Land, mit Häppchen und Grog, Materialbeschaffung und Denunziation. Die Einsatzfähigkeit von *Fiscus* ist dabei zeitweilig eingeschränkt: Sie ist beim Skiurlaub böse gestürzt und hat sich zwei Rippen gebrochen, dazu das Schultergelenk geprellt und einen Arm. So ruht das Picknick im Grenzgraben samt Materialübergabe für ein paar Wochen ausschließlich auf den jagdfreundlichen Schultern von *Hubertus*.

Als *Fiscus* wieder einsatzfähig ist, zeigt die Staatssicherheit Herz: Den Klassenkampf läßt man beim Wiedersehen einmal ganz beiseite. Geplaudert wird ausschließlich über den vermaledeiten Sturz, über Schwarzkittel und Rehböcke, Büchsen und Abschußquoten. Gestern zum Beispiel haben *Jürgen & Peter* eine Sau beim Anfüttern gehabt, mit sechs Frischlingen, in einem Kessel nur 300 Meter entfernt ...

Ein ausgetüfteltes Soft-Konzept, das der Festigung des persönlichen Verhältnisses dient.

Doch hat Anita ihre alte Vitalität und Unternehmungsfreude schon bald zurückgewonnen. Eine weitere Geschäfts-Neugründung ist geplant – diesmal in U. Schließlich ist sie jetzt 54 Jahre alt und möchte in den nächsten Jahren noch mal so richtig verdienen, um sich eine Rücklage fürs Alter zu schaffen.

Wer könnte dafür mehr Verständnis aufbringen als *Jürgen & Peter?* Doch wie ist das eigentlich in der BRD mit Risiken und Geschäftskosten, Arbeitsaufwand und Personalfragen? Jede Information saugen die beiden auf wie ein Schwamm: Das ist ja gerade das Schöne an ihrem Beruf, sie lernen immer etwas dazu.

Ach ja, da wäre noch die Sache mit den Umweltschützern, die planen für den 30. April eine größere Protestaktion gegen die Atommülldeponie, eine zwölfstündige Blockade aller Zufahrtsstraßen ...

Nur schweren Herzens hat Anita ihr Herz für die Chaoten entdeckt, nur auf Wunsch ihrer Freunde im Osten begonnen, sich für Sitzblockaden und Menschenketten zu interessieren. *Bullen verpißt euch – keiner vermißt euch!* Nein, das entspricht nicht ihrem gepflegten Vokabular. Natürlich hat sie alle diesbezüglichen Aufgaben erfüllt, hat bei der Wohngemeinschaft in Küsten angeklingelt und sich beim Blockadeausschuß der *Republik Freies Wendland* informiert. Und sie hat über ihre Kontakte herausgefunden, daß alle fünf Zufahrtsstraßen nach Gorleben verstopft werden sollen: Eine Protestmenge will sich als Krake vorwärts bewegen, eine andere sich zwischen Hunderten von Pkws verbarrikadieren. Auf einer Straße werden Landwirte ihre Trecker und Schlepper querstellen, für die vierte sucht man noch nach kreativen Einfällen. Auf der Bundesstraße Uelzen-Clenze dagegen ist der Einfall schon da – dort wollen Frauen das Wendland vor zerstörender Männermacht schützen ... als Hexen. Soll sie da etwa mit herumhampeln? Gute Ideen hat sie durchaus, die aber braucht sie für die Jagd und ihre Geschäfte. Also wird sich ihr Einsatz darauf beschränken, Plakate, Aufrufe und jede ermittelbare Info mit in die Picknick-Laube zu bringen. Selbst teilnehmen wird sie am 30. April nicht, schon aus Geschäftsinteressen. Zu einem Ausflug nach Hamburg dagegen ist *Fiscus* durchaus bereit; sich im Rathaus-Foyer auf der Ausstellung eines ehemaligen DDR-Malers umzuschauen und ein bißchen im Gästebuch herumzuschnüffeln – so etwas ist schon eher nach ihrem Geschmack.

Gorleben soll leben? *Fiscus* soll leben! Zwar ist das Ministerium für Staatssicherheit nicht die Heilsarmee, doch kümmert es sich um die gebeutelten Seelen seiner Mitarbeiter, vor allem dann, wenn sie im Feindesland tätig sind. *Fiscus* braucht dringend ein bißchen Seelenmassage, das neue Geschäft scheint viel Streß zu bringen. Und gibt es derzeit schon keine Wildgaben, so kann man wenigstens ihre Abenteuerlust etwas füttern: Als der Wonnemonat anbricht, darf sie die DDR besuchen! Selbstverständlich nicht auf dem üblichen Weg, mit Anstehen an der Grenze und Zwangsumtausch. Sie wird eines Spätabends durch die *Pionieranlagen* geschleust, wie der Todeszaun im einschlägigen Milieu heißt. Als sie unter strengsten Sicherheitsvorkehrungen und mit Hilfestellung der Kavaliere *Jürgen & Peter* jenen geheimen Pfad betritt, aus dessen Gegenrichtung die Freunde bisher auftauchten, sichert *Hubertus* die Schleusung *feindwärts* ab.

Es ist das Abenteuer schlechthin. Mag die abgeriegelte Tür für andere todbringend sein – für Anita öffnet sie sich sesamgleich. Ein bißchen klettern und lautlos durchs Gebüsch streifen, das ist schon noch spannender als eine nächtliche Jagd.

Beim Befahren der Grenze auf *freundwärtiger* Seite gibt sich die Mata Hari des Gestrüpps cool. Doch als sie dann in doppelter männlicher Begleitung durch die nächtliche Altstadt von Salzwedel bummelt, fühlt sie sich nicht nur als Frau geschmeichelt; sie spürt, hier handelt es sich um eine Auszeichnung, die nur

Spitzenkräften zuteil wird, wozu *Hubertus* leider nicht gehört. Mit Ost-Ausflügen allein wird sie sich allerdings nicht abspeisen lassen – die Aufwendungen für die besorgten Bücher sind bitte schön wieder mit Wild zu vergüten. Die Jungs soll'n sich mal nicht so haben mit ihrer Schonzeit.

Zurück im Westen, fällt ihr die prima Idee wieder ein, die *Jürgen & Peter* beim Bummeln durch Salzwedel hatten: Sie könne ja bei Gelegenheit auch mal Berlin – die *Hauptstadt der DDR* besuchen! Ja, wieso eigentlich nicht?

Die Genossen der Staatssicherheit haben viele gute Ideen. Doch vergessen sie bei all der Fürsorge für Mensch und Tier nicht, ihren inoffiziellen Mitarbeiter *Fiscus* samt Umfeld weiterhin gründlich zu durchleuchten.

Mitte Mai, die Jagdsaison für Rotwild ist soeben eröffnet, säuft Anita zur Abwechslung mal mit einem BRD-Grenzer. Ausgerechnet mit dem netten, der immer mal ein Auge zudrückt, wenn sie zur falschen Zeit auf dem Ansitz hockt ... und den sie dafür bei der Stasi denunziert. Der Alkoholkonsum der beiden ist beträchtlich an jenem Abend, und der Grenzer muß einfach mal was loswerden: Er hat nämlich beobachtet, wie sie vor ein paar Tagen spätabends ein kapitales Wildschwein aus dem Grenzschilf schleifte, zu ihrem Auto!

Nein, so besoffen ist Anita noch lange nicht, daß sie hier die Sau rausläßt und zugibt, die Stasi habe ihr die geschossen, sie selbst sie nur wegschleifen müssen. Das wäre nicht nur de-konspirativ, das wäre auch peinlich. Soll der Junge ruhig denken, sie habe das Tier zur Strecke gebracht, soll er sie mahnend daran erinnern, daß für Schwarzkittel noch immer die Schonzeit gilt.

Oder weiß er etwa mehr, als er sagt? Wie aus wolkigem Nachthimmel macht er sie plötzlich darauf aufmerksam, daß mit ihrem Jagen in Grenznähe ein starkes Risiko verbunden sei: Irgendwelche DDR-Organe könnten versuchen, Kontakt zu ihr aufzunehmen, er hat schon von einem solchen Fall gehört. Falls aber so was mal passieren sollte, dann wäre es das beste, sie spreche mit niemandem darüber außer ihm ...

Dieses Herzchen! Die Jagdfreundin scherzt ein bißchen und gibt sich verwundert, wie er auf eine solche Idee kommen könne. Der Grenzer kommt an diesem Abend auf keine Idee mehr, er muß kotzen. Nicht wegen der Stasi, sondern weil er zuviel getrunken hat.

Nun heißt es allerdings *Aufpassen!* Von wo aus könnte er sie beobachtet haben – von der Erdgasförderstätte? Von der Zollhütte aus? Noch einmal geht sie den ganzen Ablauf im Kopf durch: Die alte Grenzsäule 404 ist durch hohes Schilf von keiner Seite her einsehbar. Wo hat sie das Vieh abgelegt? Direkt am kleinen, parallel zur Sperranlage verlaufenden Weg; dann hat sie ihr Auto rangeholt und es aufgeladen. Vielleicht sind auch Schweißspuren an der Aufladestelle zurückgeblieben, auf so was achtet besonders der Revierförster ... Auf jeden Fall muß sie wachsamer sein.

Der Juni bringt für *Anita* neben Erfreulichem auch Kummer.

Zunächst läuft alles prima: Ihr neues Geschäft ist eröffnet. Nein, sie bietet nicht bloß schnöde Konfektion, auch ein bißchen was Ausgefallenes ist dabei.

Hinzu kommt, daß nun auch *freundwärts* die Schonzeit vorüber ist und die Picknicks durch einen doppelten Höhepunkt ergänzt werden – zwei nächtliche Treibjagden auf DDR-Gebiet! Damit ihm die konspirative Lust nicht wieder vergeht, darf diesmal auch *Hubertus* mitmachen. Mehr noch – auf die zweite Pirsch ist ausschließlich er eingeladen. Wir werden sehen ...

In einer milden Juninacht schleust man die beiden BRD-Bürger in den Osten. Hinter den Sperranlagen stoßen sie auf eine Jägerschar, die sich – bar ihrer Dienstgrade – kaum von anderen Weidmännern unterscheidet.

Selbstverständlich hat die Abteilung *Aufklärung* ein paar Sicherheitsvorkehrungen getroffen: Keinesfalls dürfen die beiden Gäste gegenüber den diensthabenden Grenzern dekonspiriert werden. Und zweitens sind deren Schußwaffen so unter Kontrolle zu halten, daß Leben und Gesundheit der eigenen Leute nicht einen Moment lang gefährdet sind; auch wenn das Mißtrauen sehr gering ist ... man weiß nie. Diesbezüglich sind alle Mitjagenden und damit theoretisch Bedrohten im Vorfeld der deutsch-deutschen Jagdbegegnung eingewiesen.

Anitas Art der Bedrohung aber ist eine andere, womit wir uns allmählich ihrem Kummer zuwenden. Für die zweite Pirsch war, wie gesagt, nur *Hubertus* vorgesehen. Doch taucht plötzlich neben ihm auch *Fiscus* auf – ohne Jagdwaffe. Verfolgt sie neben weidmännischen vielleicht noch andere Interessen?

Und ob! Ein schmerzlicher Abschied steht in die Laube: Auf *Jürgen* wird sie in Zukunft verzichten müssen, denn *Jürgen* ist ab Juli abkommandiert. Stasi-intern heißt das *kadermäßige Veränderung: Jürgen* alias Major Lippert übernimmt die Unterabteilung *Aufklärung* des MfS in Halberstadt.

Für Anita ist es ein Schock! *Jürgen* ist ihr bereits derart ans Herz gewachsen, daß es schon zu schlagen beginnt beim bloßen Gedanken an ihn. Und nun steht sie vor ihm – mit nichts bewaffnet als einem scharfen Blick. Natürlich darf sie mitpirschen, die Freunde Ost helfen mit einer Brünner Jagdwaffe aus. Büchse an Büchse mit *Jürgen* dreht die Mittfünfzigerin aber nun derart auf, daß sie mehrmals zu jagdmäßig gedämpftem Verhalten ermahnt werden muß.

Bevor die beiden IM gegen 4 Uhr morgens zurückgeschleust werden, bewertet das deutsch-deutsche Jagdkollektiv die Ausbeute der Nacht – sie ist so mager wie selten. Insgesamt wurde lediglich ein Fuchs gestreckt und ein Überläufer auf die Schwarte gelegt. Könnte sein, daß *Fiscus* etwas zu laut war.

Als die beiden Jagdfreunde aus dem Zonenrandgebiet am darauffolgenden Spätabend an der Grenzsäule 404 vorfahren, stoßen sie dennoch ein kleines *Halali* aus: Da liegen zwei Wildschweine für sie bereit! Tatsächlich, das gute MfS hat rasch noch einen zweiten Schwarzkittel herbeitelefoniert.

Alles schön und gut, den Abschiedsschmerz vermag die schwartige Belohnung nicht zu töten. Im Wechsel des Monats begegnen Anita und *Jürgen* einander zum letzten Mal – zwecks Materialübergabe. Der umschwärmte Genosse kommt diesmal ganz allein (und nur wir Eingeweihten wissen, daß von Alleinsein keine Rede sein kann). Anita, die schon seit einer Stunde auf ihrem Ansitz unweit der Schleuse hockt, hält in hundertprozentiger Erfüllung ihrer Aufträge Bücher, topographische Karten und Informationen bereit. Voller Leidenschaft nimmt sie den nächsten Kundschafterauftrag entgegen: Ein BRD-Sportboot ist gestern vor der DDR-Grenze gelandet, am Buhnenkopf direkt gegenüber Hitzacker; der Bootsführer wurde sofort von einem Zollboot auf BRD-Seite geholt. *Fiscus* soll die an der Grenzverletzung beteiligten Personen herausfinden und die Motive des bzw. der Täter erkunden. Gar kein Problem – gleich morgen wird sie nach Hitzacker fahren, natürlich nicht, um die idyllischen Fachwerkgäßchen zu bestaunen. Sie wird ein bißchen im Elbhafen sondieren, ein nettes Gespräch mit den Leuten vom Zollboot führen. Der Rest läßt sich über einen Bekannten bei der Polizei erledigen.

Und wie wäre es, wenn *Jürgen* sie zum Abschied mal in ihrer Wohnung aufsucht? Die Antwort fällt enttäuschend aus: Es geht leider nicht ... sie weiß schon ... aus Gründen der Konspiration. *Fiscus* verliert nicht das Gesicht ... und auch Anita nicht.

Denn da gibt es ja noch *Peter!* Mit dem darf sie nächstens einen ganzen Tag lang durch Ostberlin flanieren, ein Höhepunkt der bisherigen Zusammenarbeit.

Als Anita Anfang Juli mit dem Bus über Helmstedt nach Westberlin fährt, will sie dort zunächst mal eine Ausstellungseröffnung besuchen. Doch guckt sie schon probeweise in den Osten hinüber: Auf der Aussichtsplattform am Springerhochhaus wird sie – wie jeder, der dort steht – von den Grenztruppen der DDR abgelichtet. Nun hat sie wenigstens einen Vorgeschmack darauf, was sie am nächsten Tag erwartet.

Peter erwartet sie. Als sie pünktlich 11 Uhr durch den Grenzübergang Friedrichstraße die Hauptstadt der DDR betritt, verläuft die Begrüßung so konspirativ wie unter Agenten: Ein verabredetes Freizeichen von beiden Seiten, dann folgt *Fiscus* dem Major der Staatssicherheit in einem Abstand von hundert Metern. Hinter der Weidendammer Brücke wartet ein Lada der Abteilung *Aufklärung* mit einem Fahrer, der sich *Gerhard* nennt. *Gerhard* transportiert die beiden zwölf Stunden lang von Schauplatz zu Schauplatz, ansonsten stört er nicht weiter.

Anita entflammt an diesem herrlichen Julitag erneut, und das, obwohl *Peter* wesentlich hölzerner wirkt als *Jürgen*. Es ist einfach alles so wohl arrangiert, daß sie sich nicht nur im Fahrstuhl des Fernsehturms in die Lüfte gehoben fühlt: Zunächst ein bekömmliches Mittagsmahl im 37. Stock des Interhotels – an vorreserviertem Tisch, versteht sich. Danach ein Verdauungsspaziergang *Unter den Linden* – daß das *Mahnmal für die Opfer von Faschismus und Militarismus* dabei für *Peter* ein Muß ist wie für ihre katholische Mutter der Beichtstuhl, darüber kann sie großzügig hinwegsehen. Denn der Kaffee danach wird in 200 Meter Höhe eingenommen – der Fernsehturm bietet tatsächlich ein Panorama, das sie die Häßlichkeit des Bauwerks verschmerzen läßt. Und so wird gebummelt und geplaudert, gescherzt und geschaut, und nebenbei läßt Anita fallen, daß sie *Jürgen* vermißt und es gar nicht gut findet, daß der nicht gesagt hat, wohin er versetzt worden ist. Sie tippt da auf einen Nordbezirk ... fragt das allerdings nur, weil sie ihm ja schon mal die topographischen Karten westlicherseits für diese Gegend besorgen könnte. Da aber beißt *Peter* nicht an.

Am Abend fährt *Gerhard* sie ins feine Weinrestaurant *Ganymed*, wo wiederum ein Tisch reserviert ist. Sage noch einer, die DDR sei eine Mangelgesellschaft! Beim Wein kreisen Anitas Hormone, und als sie am Spätabend, flankiert von *Gerhard* und *Peter*, mit einem Abschiedsscherz den *Tränenpalast* betritt, findet sie, daß hölzerne Männer eigentlich über einen Charme verfügen, der so geheimnisvoll ist wie diese ganze Ost-West-Beziehung.

Und Major Förter ... alias *Peter?* Könnte der nicht einmal, nur einen sonnigen Julitag lang, den Klassenkampf stecken lassen und einfach nur Gastgeber sein? Schon die Sprache seines Gedächtnisprotokolls ist so prosaisch, daß einen das kalte Kriegsgrauen überkommt:

... die *positive Einschätzung von der Lebensfähigkeit des Sozialismus insgesamt,* die *Gestaltung des Treffablaufs, Gespräch in aufgelockerter Form, voll erreichte Zielstellung, Festigung des Vertrauensverhältnisses* ... Und dann *der Ermittler – IM Fiscus –* hat der Genosse etwa noch gar nicht bemerkt, daß *Fiscus* eine Frau ist?

Vielleicht aber ist gerade dieser Ton angemessen in einem Geschäft, das den beiderseitigen Nutzen nicht aus den Augen verliert. Denn auch beim Wein im *Ganymed* vergißt Anita nicht, neues Wild zu bestellen.

Und selbst dieser Ausflugstag taugt noch zur Denunziation: Detailliert gibt sie Auskunft über die Westberliner Bekannten, die sie freundlich-arglos aufgenommen haben. Der Junge von der Grenze mußte wieder dran glauben, der Förster und der Jäger vom Nachbarrevier ... dem man mal richtig eine reindrehen müßte, weil der immer durch ihr Gefilde saust und extra laut mit den Autotüren knallt, um ihr das Wild zu verscheuchen.

Der Sommer vergeht und auch der Herbst, mit Hin- und Rückschleusungen, Maisstreuen im Dumme-Bett und der befriedigenden Erfüllung von Aufträgen.

Befriedigend? Zwei neue Genossen werden ihr vorgestellt, die sich *Harald* und *Horst* nennen und die Anita wie Eindringlinge in ihre Vertrautheit mit *Peter* empfindet. Überhaupt *Peter:* Der spricht ständig von geplanten Höhepunkten, schlägt aber ebenso ständig die Einladungen in ihre Wohnung aus. Dabei will sie ihm nur ihre Waffensammlung zeigen – soll sie die Büchsen und Flinten vielleicht alle mit in den Osten schleppen?

Das MfS, die herbstlichen Höhepunkte arrangierend, denkt eher an solche, die der sozialistischen Moral entsprechen: Ende September beispielsweise hat man einen Ausflug nach Schwerin geplant. Und mit von der Partie soll neben dem Agenten-Duo *Fiscus* und *Hubertus* diesmal ausdrücklich auch Anitas Lebensgefährte sein. Natürlich ist das ein Trick, um die Frau zu entschärfen: Kürzlich, bei einem der Treffen im Grenzschilf, hat Anita *Peter* einen handgeschriebenen Brief zugesteckt, in dem sie sich über den Zuwachs neuer Mitarbeiter beschwert. Sie will sich ausschließlich mit ihm treffen – und mit *Jürgen* natürlich, so wie am Anfang. Mit den beiden könnten ihretwegen die Begegnungen so häufig wie möglich stattfinden. Ihrem Lieblingstschekisten hat sie brieflich klargemacht, daß er eben das Pech hat, eine Frau als Mitstreiterin gewonnen zu haben.

Im MfS wird das Schreiben umgehend anonymisiert und graphologisch zerpflückt. Die einschlägigen Experten kommen zum Resultat, der Autor des Briefes lasse keine Fähigkeit zur rationellen Anordnung der Satzglieder erkennen. Konstatiert werden ein Ausdrucksmangel und ein mittlerer Bildungsgrad. Die Verweise auf orthographische und grammatikalische Fehler gleichen der Korrektur eines Deutschlehrers nach einem Diktat. Über die psychologische Verfassung des Schreibers trifft man lieber keine konkrete Aussage.

Die aber trifft *Peter*, für den die Briefschreiberin alles andere als anonym ist. IM *Fiscus* wirkt in letzter Zeit ziemlich gereizt, vor allem dann, wenn sie mit ihm nicht allein sein kann. Sie erwartet ein stärkeres

Eingehen auf ihre Gefühle, dafür aber herrscht weder ein Auftrag vor noch Lust. Major Förter sieht die perspektivische Zusammenarbeit ernsthaft gefährdet, sollte ihm der hier nötige Balanceakt mißlingen. Immerhin erfüllt die zum Spitzel aufgebaute Jägerin ihre Aufgaben zuverlässig und mit großem Eifer.

Hier also sind Raffinesse und Fingerspitzengefühl vonnöten, jener Zwei-Komponenten-Kleber, der eine so unverbrüchliche wie hysteriefreie Zusammenarbeit garantieren soll.

Und eben dazu dient der Schwerin-Ausflug, in den auch der Lebensgefährte von *Fiscus* einzubinden ist. Um eine locker-familiäre Atmosphäre zu schaffen, hat sich die Staatssicherheit wieder mächtig ins Zeug gelegt. Unter Wahrung der Konspiration wurden in Schwerin und Perleberg Tische reserviert, die Gäste aus der BRD sollen schließlich ihren Ausflug nicht mit Schlangestehen verbringen.

Deren Einreise erfolgt diesmal ganz legal. *Horst*, der in Salzwedel das Empfangskomitee bildet, empfängt *Fiscus* mit einem Blumenstrauß, die beiden Herren mit einem Präsent. Es wird umgestiegen, dann geht es Richtung Norden.

Bissig notiert *Horst*, *Fiscus* habe sich während einer dreiminütigen Pinkelpause, von der nur die Herren Gebrauch machten, unauffällig nachparfümiert. Für wen wohl – für ihren Lebensgefährten? In Schwerin nimmt *Peter* die Truppe in Empfang. Freundlich stellt er sich als *Peter Fischer* vor, dann geht man allgemein zum *Du* über.

Schwerin ist eine schöne Stadt. In den *Altschweriner Schankstuben* speist man erst mal zu Mittag, dann folgt ein Bummel durch die Fußgängerpromenade und zum Schweriner Schloß hinüber.

Es ist ein Ausflug, der sich rein äußerlich in nichts

von den Ausflügen anderer Bundesbürger unterscheidet, die ihre Brüder und Schwestern im Osten besuchen: Das Warenangebot der beiden Staaten wird verglichen, der Lebensstandard, die Reisemöglichkeiten. *Peter* informiert über die gelungene Sozialpolitik der DDR und das Wohnungsbauprogramm. Und so wie Verwandte, deren Ost-Bruder stolz die Errungenschaften der Partei verkündet, halten sich die Westler höflich mit Kritik zurück. Und manches klingt ja tatsächlich überzeugend.

Doch dann schrammen die Genossen haarscharf an einer Panne vorbei, man sitzt da bereits beim Abendbrot in Perleberg. Während *Peter* die Toilette aufsucht, bricht zwischen *Fiscus* und ihrem Lebensgefährten ein Streit darüber aus, ob der mit Nachnamen nun *Fischer* heißt und *Jürgen* mit Nachnamen *Schäfer* ... oder umgekehrt!? *Horst* hält sich bedeckt, ordnet aber *Fischer* ganz eindeutig *Peter* zu. Glücklicherweise hat Anita vergessen, daß *Jürgen* sich ihr anfangs als *Jürgen Köhler* vorgestellt hat. Doch ob *Fischer*, *Schäfer* oder *Köhler* – das sollte man nicht auf die Goldwaage legen. Die Gäste kehren gut gelaunt von einem Ausflug heim, für den das Ministerium für Staatssicherheit das Monatseinkommen eines Rentners springen ließ.

Anita wird nun wieder für zwei Wochen nach Spanien fliegen, der Lebensgefährte in der Zwischenzeit die Geschäfte führen. Und auch *Hubertus* ist jetzt durchaus urlaubsreif.

Es vergeht eine geraume Zeit bis zum nächsten Höhepunkt – eine Rotwildjagd im südlichen Harz, im Grenzgebiet zwischen Elend und Braunlage. Sie soll sich über ein ganzes Wochenende erstrecken, und die Einladung gilt diesmal ausschließlich *Fiscus*. Ob der

Dampf inzwischen aus dem Druckkessel gewichen ist?

Mitte Oktober betritt Anita die Schleusen – in voller Jägermontur, dazu ein Jagdkarabiner und eine »Walther«, .22-er Kaliber, mit neun Schuß im Magazin. Auch wenn das die Genossen nicht sonderlich beunruhigt, wird man die Waffen vorsichtshalber zur Nachtruhe wegschließen.

Gemeinsam fährt man Richtung Harz, in ein Jagdgebiet, das mit Wildfangzäunen abgesteckt ist; angelockt mit Hafer und Trester, kommen Hirsch und Reh hier zwar ungehindert herein, doch nicht mehr hinaus.

Als die Weidmännin auf einem späteren Jagdhöhepunkt einen Sechser-Hirsch erwischt, werden ihr die Genossen große Anerkennung zollen und zur Trophäe noch ein Reh und einen Frischling drauflegen – weidgerecht zerlegt und verpackt in Plastiksäcken.

Doch unsichtbarer Hilfsmittel und Rottenstärke des Jagdkollektivs zum Trotz – die erste Drückerjagd ist so wenig erfolgreich wie die Schwarzkittelhatz während Anitas Aufgekratztheit: Erneut gewinnt weibliches Gefühl die Oberhand. Seit langem zum ersten Mal trifft sie auf *Jürgen*, dessen Dienststelle Halberstadt ja gleich um die Ecke liegt. Schon von Beginn an bemerkt sie, daß er freundlich ist, doch distanzierter als früher. Das kränkt sie nicht mehr. Längst gilt ihr Jagdeifer dem spröderen Wild-*Peter*, mit dem sie die nächtliche Kanzel teilt. Das MfS nutzt die Gespräche in Wald und Objekt, um *Fiscus'* verquere Gefühlswelt operativ zu bearbeiten. Das Wild nutzt die Gespräche, um in der Schonung zu verschwinden – die Jagdmeute jedenfalls streckt an diesem Oktober-Wochenende nur einen einzigen Hirsch. Er wird aufgebrochen und *Fiscus* übereignet.

Den Preis für die Höhepunkte zahlt die Jägerin gern. Beflügelt von der ihr zuteil werdenden Aufmerksamkeit, baut sie *feindwärts* des Grenzgebietes ihre Kundschaftertätigkeit aus. Sie beginnt sich für Dinge zu interessieren, die sie bisher kalt ließen – den Parteitag der SPD, den Verkauf von Häusern an der alten Bahnlinie Lüchow-Dannenberg, das Militärwesen: Als sie am *Tag der offenen Tür* der Panzerbrigade 8 in Lüneburg einen Besuch abstattet, freuen sich die Militärs, daß eine Frau sich derart für Technik und die personelle Besetzung einer Brigade interessiert. *Fiscus* bleibt an den Umweltschützern dran, späht Grenzanlagen aus und schöpft ihren Bekanntenkreis in einem Ausmaß ab, das es *Peter* und seinen Genossen ermöglicht, die Dossiers über jeden einzelnen erheblich zu präzisieren.

Erweitert ist der Bekanntenkreis inzwischen um zwei Beamte der Lüchower Bereitschaftspolizei und den Kultursenator von Lübeck. Erweitert um eine höhere Beamtin der Kripo Uelzen, die sie auf einer Ausstellung kennengelernt hat und die jetzt ab und zu auf einen Kaffee im Geschäft vorbeikommt. Dabei erfährt man Dinge, die für *Peter* und seine Genossen von Bedeutung sind – wer z.B. gerade geschäftlich in eine Notsituation geraten und dadurch mit Polizei und Gericht in Berührung gekommen ist.

Doch obwohl Anita beim Abschöpfen eine gehörige Portion Eigeninitiative entfaltet, beschleichen sie mitunter Skrupel – weniger der Bespitzelten wegen als vor der eigenen Entdeckung. Als sie zu ihren Wildportionen und den knisternden *Peter*-Gesprächen erstmals eine Geldsumme von 1000 DM erhält, windet sie sich. Mehrfach versichert ihr der umschwärmte Genosse, daß ein Mensch, der konspirativ für den Frieden arbeitet, kein Verräter sein kann,

sondern nur ein Patriot. Doch das ist es ja nicht ...
was, wenn das Ganze herauskommt – im Westen? Das
mit dem Geld übrigens dürfen weder ihr Lebensgefährte noch *Hubertus* erfahren. Sicherheitshalber un-
terzeichnet Anita die Quittung mit *Ingrid*.

Major Förter sorgt sich um etwas anderes: Der
Bundesgrenzschutz scheint aufmerksam geworden zu
sein! Nach *Fiscus'* Aussagen ist neulich das Pkw-
Kennzeichen von *Hubertus* bei einer Fahrt in Richtung Sperranlagen registriert und vom BGS gespei-
chert worden. Und irgend jemand soll die Kreisjagd-
behörde Lüchow über Merkwürdigkeiten informiert
haben ...

Dabei bemüht sich Anita um strikte Konspiration.
Um nicht aufzufallen, hat sie neulich *Schwarzwild-
Füttern* gespielt und einen Eimer mit Mais an der
Grenzmarkierung abgestellt, bevor sie *freundwärts* die
Schleusen passierte. Außerdem verfügt sie jetzt über
einen direkten Draht zu den Genossen im Osten,
über eine Geheimnummer, bei der sie sich nicht mit
Anita meldet, sondern mit *Grete* ...

Das alles reicht nicht aus, und *Fiscus* muß noch ein
paar Verhaltensregeln pauken: Begehung des Grenzgebietes prinzipiell nur noch bei Dunkelheit! Außerdem – Vorfreude hin, Vorfreude her –, es geht nicht
an, daß sie sich stets schon eine halbe Stunde vor der
Schleusung in Grenznähe herumdrückt, das fällt auf.
Und da wieder ein Winter vor der Tür steht, gelten
zusätzliche Konspirationsgebote. Das oberste: Bei
Schneefall absolut keine Bewegung mehr in Richtung
Grenzanlage! Hat es geschneit, bleibt das Telefon zur
Verabredung eines neuen Treffs.

Nicht lange nach dieser Instruktionsstunde stellt
das MfS die Treffen im Gebüsch aus Sicherheitsgrün-
den vorübergehend ein. Von nun an wird *Fiscus* je-

weils mit einem Tagesvisum einreisen und dann in eine konspirative Wohnung zwischen Salzwedel und Arendsee geschleust. Das ist immer noch abenteuerlich genug. Und für das MfS hat die Winter-Variante den Vorteil, daß etwa ein Dutzend Mann Schleusungs- und Überwachungspersonal eingespart werden kann. Für Anita wiederum hat die Wohnung den Vorteil, daß man dort viel intimer plaudern kann als im Schilf. Vielleicht springt ja endlich mal mehr heraus als nur ein prickelnder Plausch.

Daß die Gespräche seit einiger Zeit ganz offen auf Tonband mitgeschnitten werden, daran muß sie sich allerdings noch gewöhnen. Kann *Peter* das nicht verstehen?

Natürlich versteht er das. Für *Fiscus* soll das kreisende Gerät eine zusätzliche Mahnung sein, um welche Themen es eigentlich geht. Denn klar ist, daß die Mitarbeiterin noch immer einem anderen Höhepunkt nachjagt als den ihr angebotenen. Allmählich nimmt das Ganze für ihn bedrohliche Formen an – die Frau ist rauschig! Und er, ein unscheinbarer Major der Staatssicherheit, der avisierte Schwarzkittel.

Warum muß das Leben so kompliziert sein? Gerade *Peters* Zurückhaltung ist es ja, die Anitas Gedanken mittlerweile nur noch um ihn kreisen lassen. Dieser Mann zählt nicht zur Sparte *Netter Trottel* wie *Hubertus* oder ihr Lebensgefährte, der frißt ihr nicht aus der Hand. Und gerade dieses abwehrende Lächeln ist es, das sie wild macht.

Auf der letzten Safari des Jahres, ein neues Christfest rückt heran, hält es die Frau aus Brussau nicht mehr. Während *Hubertus, Horst & Harald* und all die anderen ihre volle Aufmerksamkeit dem tierischen Wild widmen, widmet Anita die ihrige fast ungeteilt *Peter*. Auf dem Ansitz faßt sie nach seiner Hand und streichelt brünstig sein sicherheitsverplomptes Gesicht. Während Rucksäcke und Waffen verstaut werden, streift ihre Hand über den Nacken des begehrten Majors; der bittet seine Jagdgenossin ungerührt, derartiges zu unterlassen. Ärgerlich protokolliert er später, daß *Fiscus* ihr Grapschen erst nach mehrmaliger Aufforderung einstellte. Bei der Rückschleusung, Anita hat das Tempo etwas verzögert, sagt sie *Peter* unumwunden, daß sie mit ihm schlafen will. *Peter* entgegnet, er habe bereits eine Frau, mit der er schläft. Na und? Anita schenkt ihm, schließlich steht Weihnachten vor der Tür, ein nagelneues belgisches Jagdgewehr samt Munition. Derartige Geschenke darf der Genosse selbstverständlich nicht annehmen. Anita wird langsam gereizt. Nur mit Zureden läßt sie sich darauf ein, die Jagdwaffe als nette Leihgabe zu verstehen, die sie im Frühjahr zurückerhalten wird.

Auch wenn ein hauptamtlicher Mitarbeiter keine Geschenke annehmen darf – *Fiscus* und *Hubertus* dürfen. Gestaffelt nach der Bedeutung der IM's, fallen die kurz vor dem Jahreswechsel verteilten Weihnachtsgaben aus: *Hubertus* erhält eine Petroleumlampe mit Jagdmotiven, dazu einen passenden Kalender. *Fiscus* wird für ihren Einsatz und die unerwiderten Gefühle großzügig entschädigt – mit einem Weidbesteck im Wert von 960 DM. Sorgfältig notiert man in den Schreibstuben des MfS jeden Posten. Sorgfältig addiert man noch einmal das Wild, das im Jahr 1984 als Belohnung *feindwärts* geschleust wurde:

1 Hirsch, 6 Wildschweine, 11 Rehe, 1 Fasan, 3 Hasen, 1 Ente und 2 Kaninchen.

Beginnt das neue Jahr so, wie das vorherige endete?

Im wesentlichen ja. Infolge der massiven internationalen Proteste sah sich die DDR-Regierung gezwungen, 1984 mit dem Abbau bzw. der Räumung sämtlicher Splitter- und Erdminen zu beginnen ... auf der gesamten Länge von 1400 Kilometern, über die sich der *antiimperialistische Schutzwall* zieht. Damit werden die Pioniereinheiten der Grenztruppen auch 1985 noch beschäftigt sein. Im Gegenzug müssen die Sperranlagen so umgebaut werden, daß Durchbrüche dennoch verhindert werden: Grenzsignalzäune sind zu errichten, in gestaffelter Tiefe. Zugleich sind auch Sperrgräben, Kontrollstreifen und Hundelaufanlagen auszubauen. Und noch im Januar werden die Generäle von Armee und Staatssicherheit über weitere Maßnahmen erhöhter Wirksamkeit beraten.

Die Kundschafterei ein paar Etagen darunter läuft dagegen in durchaus vertrauten Bahnen: Die militärischen Dienstgrade *feindwärts* der Grenze pennen weiter, die *freundwärts* fahren reiche Ernte in die tschekistische Scheuer. Auch bei den *Inoffiziellen Mitarbeitern*, bei *Fiscus* und *Hubertus*, setzt sich Erprobtes und Bewährtes fort – im Westen das Abschöpfen, Spähen und Sammeln ... im Osten die Übergabe des Zusammengetragenen.

Und doch gibt es erkennbare Bewegungen. Zunächst einmal wurde Major Förter per Jahreswechsel zum Oberstleutnant befördert.

Sodann hat Anitas Trieb einen neuen Drive erhalten. Bei der ersten Rotwild-Jagd im Neujahr, schon kurz nach Silvester, drängt sie ihren Führungsoffizier im Harzer Objekt der Staatssicherheit, *es* nun endlich mit ihr zu tun! Nein, auf Ablenkungsmanöver will sie sich nicht mehr einlassen – was heißt hier, *Sachlichkeit herstellen?* Klar wird sie weiterhin operativ tätig sein, doch heute bitte schön in einer natürlicheren Form der deutsch-deutschen Vereinigung!

Wird es dem Oberstleutnant gelingen, die ungeliebte Frau allein ins Bett zu manövrieren? Bestimmt nicht mit dem Vortrag über sozialistische Moral, zu dem er nun anhebt: Parteitreuen Blickes erklärt er seinem brünstigen Gegenüber, ein Offizier des sozialistischen Nachrichtendienstes dürfe kein intimes Verhältnis zu einem konspirativ arbeitenden Mitarbeiter unterhalten, aus moralischen und dienstlichen Gründen nicht. Als das nicht zieht, wird er noch grundsätzlicher und doziert über den Unterschied der moralischen Vorstellungen zwischen Sozialismus und Kapitalismus. Die Reaktion ist blanker Trotz. Doch immerhin sitzt sie erst mal wieder auf ihrem Platz, das Abdämpfen von der Tat zum Wort ist für *Peter* ein wahrer Etappensieg. Also schiebt er nach: Es wäre ja ein probates Mittel, sie durch *Intimverkehr* in Abhängigkeit zu bringen – doch gerade dafür hat er zu viel Achtung vor ihr ...

Anita spürt, daß die Ablehnung ihr als Frau gilt. Fast kleinlaut schon setzt sie ihre Liebeserklärung dagegen – gerade dieses Skeptische, Prüfende und Zweifelnde seiner Person sei es ja, was ihre Gefühle in Wallung bringe ... und eigentlich war das schon von Anfang an so.

Peter hat jetzt den richtigen Ton erwischt und baut ihn psychotherapeutisch aus. Einfühlsam steigt er in ihre Vergangenheit hinab. Für wenigstens eine halbe Stunde gelingt es ihm, mit *Fiscus* in den ungefährlichen fünfziger Jahren zu kreisen, in ihrer kurzen Klosterzeit, der abgebrochenen Lehre als Friseuse, ihrer Arbeit als Serviererin beim Amerikaner. Nein, er fragt sie nicht aus, er hört ihr nur zu, geduldig und aufmunternd nickend.

In der Hoffnung, daß zeitlicher Abstand die Weidmännin ein wenig zur Ruhe bringen könnte, schlägt er für den nächsten Treff einen Februar-Termin vor.

Februar? Anita ist entsetzt. Das ist viel zu lange hin – schon nächste Woche will sie sich mit ihm treffen. Jawohl, nächste Woche, denn da weilt ihr Lebensgefährte beim Skiurlaub in Österreich ...

In der Woche darauf eskaliert das Balzdrama, von operativer Arbeit kann keine Rede mehr sein. Anita geht ihrem Führungsoffizier an die Wäsche, preßt sich an ihn, sucht seinen Mund, seine Hände. Dem sich sträubenden Genossen wirft sie Widernatürlichkeit vor, den DDR-lern tiefe Frustriert- und Verklemmtheit. *Peter*, von körperlicher Abneigung gepeinigt, geht nun seinerseits aufs Ganze, in aller ihm noch möglichen Höflichkeit: Er setzt *Fiscus* ein ultimatives NEIN entgegen – selbst auf die Gefahr hin, daß dieses NEIN das Ende der Zusammenarbeit bedeutet.

Anita ist zu weit gegangen. Aufgewühlt hockt sie in ihrem konspirativen Sessel, eine Zigarette an der anderen entzündend. Nach 45-minütigem Schweigen fordert sie den nächsten Auftrag an.

Und *Hubertus*, der im Vergleich zur Jagdfreundin geradezu pflegeleichte IM? *Hubertus* macht sich allmählich rar. Nicht, daß es zum Bruch käme, es ist ein eher schleichender Rückzug. Einmal noch wird er beim *Halali* dabeisein, dann nehmen Krankheiten und geschäftliche Verpflichtungen überhand. *Hubertus* hat kein so treibendes Motiv wie *Fiscus*. Der Kick des Abenteuers hat sich ein wenig verflüchtigt, und außerdem ist seine Frau mißtrauisch geworden, die merkwürdigen und immer häufigeren Buchbestellungen haben sie stutzig gemacht.

Anita schmerzt sein Rückzug weit weniger als das MfS, denn nun kann sich ihr Führungsoffizier ja ganz auf sie konzentrieren. Abhängig, das spürt sie täglich, ist sie von ihm auch ohne *Intimverkehr*, wie er sexuelle Lust in seinem verkrampften DDR-Jargon zu nennen pflegt. Wieviele Möglichkeiten bleiben ihr noch, zum Ziel zu gelangen? Verschwindend wenige. Doch drängt es sie, den Mann zu sehen, so oft es nur geht. Es prickelt ja schon, von ihm befragt zu werden – nicht nur zu erfüllten Aufträgen, ab und zu prüft er auch ihre Ehrlichkeit. Hier sammelt sie Pluspunkte, denn ehrlich ist sie. Sie belügt *Hubertus*, ihren Lebensgefährten und erst recht alle anderen Menschen. *Peter* aber belügt sie nicht. Seinen diesbezüglichen Fangfragen pariert sie ohne Zögern; wenigstens beim *Memory* kann sie ihm imponieren.

Doch eigentlich ist ihr gar nicht so wichtig, was ... sondern daß er sie fragt.

Das könnte sich ihretwegen Tag und Nacht hinziehen. Manchmal verbringt sie mit ihrem Lieblingsgenossen sieben Stunden in der konspirativen Wohnung zwischen Salzwedel und Arendsee, eine Wohnung, die extra für ihre Treffen hergerichtet und mit dem passenden Decknamen *Jäger* versehen wurde. Zeitweise sitzt ein *Harald* oder *Horst* dabei, doch stets nur vorübergehend. *Peter* aber erwartet sie immer, und er verabschiedet sie auch. Zu wenig, doch besser als nichts.

Was den Grad ihrer Annäherung betrifft, so ist Anita auch im Februar nicht einen Schritt weiter. Noch immer läuft in der konspirativen Wohnung nichts außer dem Tonband, außer Auftragsauswertungen, Kaffeetrinken und dem Verspeisen eines stets leckeren Imbiß. Doch sie hat die Taktik geändert: Nachhaltig läßt sie *Peter* nun spüren, daß nicht nur er Macht über sie – sondern auch sie Macht über ihn hat. Sein Erfolg hängt schließlich von ihrem ab, der große

Aufwand, den die DDR-Staatssicherheit mit ihr betreibt, ist ein untrügliches Zeichen ihrer Bedeutung. Mit diesem Wissen stürzt sie sich in die Übererfüllung ihrer Aufträge. Eifrig vergrößert sie ihren Bekanntenkreis, um *Peter* mit Informationen überschütten zu können. Quer durch alle sozialen Schichten liefert sie die charakterlichen und finanziellen Schwachstellen von jeder und jedem, den sie zwischen Lübeck und Düsseldorf, Spanien und Gorleben kennt.

Es dauert nicht lange, und der Kraftaufwand, die vielen Treffs und Jagden, die stets ein Wochenende verschlingen, werfen sie aus ihrer alltäglichen Bahn. Die Geschäfte geraten ins Schlingern, der ganze Lebensrhythmus kommt durcheinander. Anita lernt jetzt Russisch.

Und kommt eines Tages mit der Idee in die Wohnung, nunmehr von der Geschäfts- zur Fachfrau für psychologische Lebensberatung umzusatteln.

Wie man Ängste, Phobien und innere Verkrampfungen abbaut, darin kennt sie sich aus.

Bemerkt *Peter* nicht den Wink mit dem Zaunpfahl?

Weibliche Raffinesse dringt in die Denkraster des Oberleutnants nicht ein. Das ganze Psycho-Thema ist zudem *freundwärts* noch nicht angekommen; hier herrscht eine Bildungslücke, die sich erst nach dem Abdanken der Staatssicherheit schließen wird.

Da aber ist es zu spät und für Anita allemal. Nachdem auch Übereifer den spröden Genossen nicht zwischen ihre Schenkel zu locken vermochte, beginnt sie nun, ihn zu bestrafen, ihn zappeln zu lassen wie einen Frischling. Statt zu balzen oder an seinen Lippen zu hängen, gibt sie sich kurz angebunden, auch in bezug auf ihre Kundschafterergebnisse. *Peter* muß ihr jede

Info aus der Nase ziehen, und nicht zu Unrecht fürchtet die Abteilung *Aufklärung* des MfS, der BRD-Bürgerin könnte die Lust auf diese lustfeindliche Zusammenarbeit abhanden kommen.

Was tun? Soll der Oberstleutnant sich doch noch opfern – Augen zu und fest ans *Kommunistische Manifest* gedacht? Nein, soweit geht seine Hingabe an den Weltfrieden nun auch nicht. Um das einmal klarzustellen – nicht alle Genossen haben skrupellos die *Romeo*-Karte gezogen. Die Salzwedeler jedenfalls bleiben bei den Geboten der sozialistischen Moral: Sie überschütten *Fiscus* zum Geburtstag mit Geschenken und basteln an einem neuen Höhepunkt – zum Jagdkollektiv der Tschekisten gehört sie ja fast schon selbstverständlich dazu.

Man stellt *Fiscus* nunmehr eine Reise nach Dresden in Aussicht. Gleichzeitig entwickelt Oberstleutnant Förter ein Perspektivkonzept, um seinen *IM* konsequent, aber feinfühlig zur operativen Sachlichkeit zu erziehen. Und selbstverständlich muß auch *Fiscus'* Abschöpfungsvermögen weiter geschult werden.

Nach der Reiseeinladung wirkt Anita wie verwandelt. Auf jeden Fall will sie nach Dresden fahren, am liebsten mit *Peter*. Sie arbeitet nun wieder mit, als sei nichts gewesen. Zugleich setzt sie unmißverständliche Zeichen, was sie von diesem Ausflug erwartet: Zärtlich streift sie, während man gemeinsam operativ relevante Personen auf Lichtbildern identifiziert, *Peters* Hand. Sie kokettiert nun auch mit *Harald* und *Horst*, die der Mittfünfzigerin protokollarisch *Torschlußpanik* bescheinigen. Bei der Jagd sucht sie, während die Tschekisten gestreckte Rehe aufbrechen, den Körperkontakt zu ihrem Lieblingsgenossen. Die mit

Gravur versehene Patronenhülse, Teil der geburtstäglichen Geschenkeflut, trägt sie jetzt als Parfümflacon um den Hals.

Und was passiert im Mai – dem Wonnemonat, in dem das Schwarzwild im Grenzbiotop noch einmal kräftig nachrauscht und nachfrischt? Über Nacht scheint sich Anitas Jagdfieber gelegt zu haben – brieflich beichtet sie ihrem unberührbaren Führungsoffizier, stets nur für ihn durch Wasser, Schilf und Brennesseln gestiefelt zu sein. Zwar reize sie seine Sturheit noch immer zur Weißglut, doch werde sie sich künftig mit Freundschaft begnügen, schweren Herzens. Oberstleutnant Förter atmet auf, der Brief wandert umgehend in die Graphologie des MfS.

Tatsächlich wirkt *Fiscus* während jener Sommermonate, in denen nun auch an der Niedersächsischen Grenze die tödlichen Minen geräumt und durch raffiniertere Sperranlagen samt Personalaufstockungen ersetzt werden, sichtbar entspannter. Sie wird jetzt ab und zu nach Düsseldorf fahren, wird ihre psychologischen Begabungen dort zur Anwendung bringen, wo man sie zu schätzen weiß. Und dabei endlich mal richtig abkassieren – Kapitalistin werden, wie *Peter* das nennt. Die Textilgeschäfte im Landkreis Lüchow-Dannenberg kann ihr Lebensgefährte weiterführen.

Fiscus' Entspannungssignal löst in der Abteilung *Aufklärung* von Salzwedel helle Freude aus. Genosse Förter ist derart glücklich über diese unerwartete Wendung, daß er seine nächste Jagdbeute – eine Überläuferbache und fünf Frischlinge – fast vollständig der Wendin für ihre Tiefkühltruhe überreicht. Sie will *Jürgen* auf der nächsten Jagd sehen? Kein Problem, *Jürgen* wird herangekarrt.

Und nun also Dresden. Auch für diesen Höhepunkt scheut die Staatssicherheit nicht Zeit noch Kosten – die feinsten Restaurants sind avisiert, ein Fahrer für Ausflüge nach Pillnitz und Moritzburg bereitgestellt.

Die Semperoper steht auf dem Plan und die Gemäldegalerie. *Fiscus* wird selbstverständlich im Nobelhotel *Bellevue* logieren.

Doch die fünftägige Reise nach Dresden hat einen Haken. Sie soll als Testfeld für *Fiscus'* Verzichtsbereitschaft in puncto *Peter* dienen: Nicht, daß der völlig ausbleiben wird; man hat eine Variante gewählt, die sich deutlich in Richtung Abstinenz bewegt.

Peter wird es also nur fein dosiert geben, was heißt, daß er auch in einem anderen Hotel wohnen wird. Als Hauptreiseleiter kommt diesmal *Horst* zum Einsatz, den man im Ledigenwohnheim der Militärakademie einquartiert, um ein paar Unkosten wieder reinzuholen.

Als Anita Ende August im Elbflorenz eintrifft, kann sie nur schwer ihre Enttäuschung verbergen. Ihren Begleiter läßt sie bei der ersten Gelegenheit wissen, daß die Basis ihrer Zusammenarbeit mit der Staatssicherheit der DDR die persönliche Sympathie zu den Mitarbeitern sei – zu allen Mitarbeitern, wozu ja auch *Horst* gehöre. Im Unterschied zu *Peter*. *Jürgen* sei ja noch nett und umgänglich gewesen, *Peter* aber abstoßend und eigentlich für die weitere Zusammenarbeit belastend.

Fiscus klagt sich ihre verletzte Eitelkeit von der Seele und erwartet von *Horst* selbstverständlich Verschwiegenheit über ihre Zweiergespräche. Na Ehrenwort, gnädige Frau, die Stasi ist doch kein Plapperkasten!

Zwei Tage lang ist *Fiscus* mit *Horst* allein, dann

taucht endlich der Ersehnte auf. Nun unternimmt man alles weitere zu dritt – ein Nachmittagsspaziergang im Botanischen Garten wird am Ende die einzige Stunde sein, die *Fiscus* mit *Peter* allein verbringen durfte. Nein, sie verliert nicht das Gesicht – Dresden ist eine wunderschöne Stadt, besonders vom *Bellevue* aus, von wo man auf Schloß und Elbe schaut statt auf schwammige, verfallene Häuser. Anita hat sich dort wie zu Hause gefühlt und dem östlichen Personal im Fitneßraum und dem hoteleigenen Hallenbad schon mal eine Probe ihrer psychologischen Deutungsfähigkeiten gegeben.

Praxis für psychologische Lebensberatung ist das Stichwort, das den Führungsoffizier zunehmend belebt, schließlich eröffnet sich hier ein völlig neues Terrain zum Abschöpfen. Und IM *Fiscus* scheint auch diesbezüglich mit Siebenmeilenstiefeln zum Erfolg zu schreiten: Die Prüfung wird sie noch vor Jahresende ablegen – nein, nicht im zuständigen Hannover, da fallen zu viele durch. Sie hat das alles schon ausgekundschaftet: In Remscheid sollen sie es nicht so genau nehmen, also wird sie sich dort mal kurz polizeilich anmelden. Mitglied eines passenden Berufsverbandes ist sie bereits, dank neuer Beziehungen, für die sich auch *Peter* interessiert.

Doch so forsch, wie sich Anita gibt, ist ihr innerlich nicht zumute. Nach dem Affront in Dresden trägt sie sich kurzzeitig mit dem Gedanken, das aufreibende Ost-West-Verhältnis zu beenden. Bei einer Materialübergabe im Herbst startet sie einen letzten Versuch, *Peter* zum *Intimverkehr* zu bewegen – der aber möchte das Thema ein für allemal abgeschlossen wissen.

Was mag die BRD-Bürgerin, deren Erfolgskurve empfindlich nach unten geschnellt ist, dazu bewogen haben, nicht nur weiter durchs Grenzschilf zu stapfen, sondern ihre Spitzeldienste noch um eine Qualitätsstufe zu steigern ... und fortzusetzen, bis der historische Herbst ihrem Treiben ein Ende bereitet?

Vielleicht ist es die leise Ahnung, daß für sie eine Lebensphase angebrochen ist, in der frau sich mit kleineren Brötchen begnügen muß. Anita ist ihr eigenes Jagdopfer geworden. Nach wie vor giert sie nach Nähe zum spröden Oberstleutnant, auch wenn sie inzwischen weiß, daß der Abstand sich niemals verringern wird. Ihr bleiben das Apportieren, die Schweißarbeit und das Lob der tschekistischen Jagdgemeinde. Deren Zuwendung wächst, je mehr Beute *Fiscus* anschleppt: Für ihre bestandene Psychologenprüfung wird sie mit Blumen, Sekt und Komplimenten überschüttet ... Man füttert sie mit Klassenkampfparolen, die sie dankbar aus Staatssicherheitshänden frißt. Im Verdauungstrakt aber entwickelt sich nicht Übelkeit, sondern eine zunehmende Sympathie für den Sozialismus: So, wie sie ihn erlebt und wie *Jürgen* und *Peter* ihn schildern, ist er gut.

So bleibt Anita fest verschweißt mit ihrem Führungsoffizier. Um ihre offiziellen Einreisen mit Pkw nicht bis zur Auffälligkeit zu strapazieren, wird seit Sommer 85 auch wieder durchs Schilf geschleust. Und wie früher trifft man sich – unter starker Absicherung – im Wustrower Grenzknick, vorwiegend zur Materialübergabe. Die kulinarischen Genüsse sind endgültig *freundwärts* verlagert.

Als sich das Jahr 1985 neigt, haben an der innerdeutschen Grenze wiederum mehrere hundert DDR-Bürger die Flucht gewagt. Sechsundvierzig von ihnen gelang der Durchbruch, drei verloren ihr Leben, die übrigen für Jahre ihre Freiheit.

Am Wustrower Grenzknick ist von alledem nichts zu spüren. Nach wie vor vermeidet man Übertritte bei Schneefall. Auch ist das Schleusen um eine Variante ergänzt geworden: Um *Fiscus'* Jagdlegende aufrechtzuerhalten, findet der Schleusungsakt mal bei abnehmendem, mal bei zunehmendem Mond statt.

Ein einziges Mal, es ist ein Märzabend 1986, scheint es, als sei der Bundesgrenzschutz ihr auf die Schliche gekommen. Wie stets ist Anita in der Dunkelheit zu ihrem am Grenzknick gelegenen Ansitz gefahren. Wie stets hat sie gegen 21 Uhr das verabredete Blinkzeichen gegeben – aufgefangen wird es von zwei MfS-Genossen, die auf einem speziell präparierten Beobachtungsposten sitzen, um *grünes Licht* zu geben.

Doch an diesem Spätabend hört sie unmittelbar nach ihrem Blinkzeichen plötzlich Geräusche. Sie kommen vom Waldrand her, aus Richtung des Ententeiches. Sie ortet andere als die vertrauten Wildgeräusche, ihr ist, als bewege sich da eine Person. Inbrünstig hofft sie, die beiden Genossen mögen nicht gerade jetzt das Blinkzeichen für den Schleusungsbeginn geben. Um sie zu warnen, sendet sie einen gedämpften Lichtstrahl durch den Stoff ihrer Manteltasche. Merkwürdig: Wenn jemand vom Ententeich her kommt, wieso reagieren dann die Enten nicht aufgeschreckt? Im Wald knackt es, sie hält die Luft an. Die beiden Genossen im Versteck nehmen ein Husten wahr und bleiben unter ihrer Tarnkappe. Leise setzt Anita ihren Rucksack mit den Materialien für *Peter* am Fuße der Ansitzleiter ab und steigt hinauf. Wer könnte das sein? Der Zollbeamte wohl nicht – der kommt immer mit dem Rad und das meist nur am Tag; auch erinnert sie sich nicht, an der Zollbude ein Fahrrad stehen gesehen zu haben.

Aus Richtung des Ententeiches hört sie plötzlich ein Fahrzeug, das sie den Bullys des Bundesgrenzschutzes zuordnet. Bis zu ihr kommen die keinesfalls durch, zwischen Ententeich und Ansitz liegen massenhaft umgestürzte Bäume. Es ist ihr Jagdrevier, hier kennt Anita sich aus.

Mehr als zehn Minuten verharrt sie regungslos auf dem Ansitz. Kein Geräusch dringt mehr an ihr Ohr, kein Motor oder Klappen von Autotüren, keine Stimme, kein Schritt. Doch wieso blinken die Genossen nicht? Sie wird unruhig, sie müßte längst in Schleuse 1 sein.

Als sie sich durchgerungen hat, endlich loszugehen, entscheidet sie sich für die Abkürzung durchs Dumme-Bett. Doch schon beim ersten Eintauchen ins Sumpfwasser sackt der Stiefel tief. Ihr bleibt nur der Umweg über zwei tote, verwachsene Schneisen. Und obwohl sie sich in der Dunkelheit etwas verfranst, erreicht sie am Ende unbemerkt die Schleuse. Oder hat sie doch jemand beobachtet?

Die seltsamen Geräusche jener Nacht werden *freundwärts* in jede erdenkliche Richtung analysiert, doch lassen sie sich pioniertechnisch nie aufklären. In jedem Fall waren sie ein alarmierendes Zeichen. Die Staatssicherheit lobt ihren Inoffiziellen Mitarbeiter *Fiscus* für dessen Nervenstärke und Umsicht, feilt jedoch noch einmal am Bewußtsein äußerster Wachsamkeit.

Und so kommt es nie zur Enttarnung der Jägerin, setzt sich der konspirative Grenzwechsel von West nach Ost ungestört fort. Die einzige nennenswerte Veränderung des Jahres 1987 besteht darin, daß auch *Hubertus* wieder ein bißchen mit von der Partie sein möchte, vor allem von der Jagdpartie. Natürlich vermag er nie die Effizienz von *Fiscus* zu erreichen, für seine Materialbeschaffungen und die *feindwärtige* Absicherung des Schleusens wird er mit Schwarzwildjagden hinter der Grenze belohnt. Die Rotwildjagden im Harz bleiben der Frau aus dem Landkreis vorbehalten.

Fiscus erfreut sich nach wie vor höchster Wertschätzung. Das Ministerium für Staatssicherheit vergißt keinen ihrer Geburtstage. Sie wird mit totem Wild verwöhnt und Meißner Porzellan. Und endlich stellt man sie auch den höheren Dienstgraden der Abteilung *Aufklärung* vor.

Der Trieb Anitas hat sich ein wenig auf den Beutetrieb reduziert. Doch gilt die hohe Wertschätzung weniger ihrer sich verschärfenden Schnüffelnase, vor der nicht Bundeswehr noch Bundespost sicher sind, nicht Jägerverbände noch Umweltschützer. Sie gilt nicht der Skrupellosigkeit, mit der sie sich am 17. Juni am Jeetze-Kreuz einfindet, um sich die Schleifenaufschriften auf den Kränzen für einen erschossenen Flüchtling einzuprägen. Solche Miesheiten teilt sie mit einem unübersehbaren Heer von Spitzeln in Ost und West.

Nein, das besondere Interesse des MfS gilt ihrem neuen Beruf als psychologische Lebensberaterin – der Staatssicherheit geht es um *Fiscus*' Patientenkartei.

Tatsächlich hat *Anita* an der *Kö* Fuß gefaßt – *Psychologische Lebensberatung*, das klingt auch in den Ohren der Düsseldorfer Oberschicht vertrauenerweckend.

Die Staatssicherheit aber erachtet kein Personendetail als zu gering, um es nicht zu sammeln und zu speichern. Major Förter obliegt es, *Fiscus* zur Übergabe ihrer Patientenkartei zu bewegen, ihr die neue Tätigkeit als nur dann *operativ wertvoll* zu verdeutlichen, wenn sie über Patienten vorbehaltlos Auskunft erteilt.

Keinen Wunsch hat Anita *Peter* jemals ausschlagen können. Nach einer intensiven, von erzieherischer Strenge und zärtlichem Biostrom geschwängerten Aussprache braucht sie nicht allzu lange, um die berufliche Schweigepflicht aus ihrem Gewissen zu fegen. Von ihrer Düsseldorfer Patientenkartei zieht sie eine komplette Diskette. In B., wo sie eine Filiale ihrer Praxis eröffnet hat, jedoch noch nicht über einen Computer verfügt, schreibt sie die Kartei eigenhändig ab, ergänzt durch kurze Personencharakteristika. Sie lernt von ihrem Führungsoffizier, die von ihr behandelten Patienten selbständig *politisch-operativ* zu bewerten.

Unsicherheit befällt sie lediglich bei der Annahme von Bargeld. Noch immer plagt sie die Furcht vor Enttarnung oder Erpressung – nicht durch *Peter* selbstverständlich, doch landen die Quittungen schließlich in anderen Abteilungen. Oder nicht? Der Oberstleutnant strömt pures Vertrauen aus: Noch nie hat das Ministerium für Staatssicherheit seine eigenen Kundschafter erpreßt! Trotzdem ... bei den Quittungen, die *Fiscus* unterschreibt, wechselt sie mehrfach den Decknamen.

Als die DDR im Herbst 1989 zusammenbricht, kommt Bewegung ins Biotop. Die 1400 Kilometer lange Grenze mit ihrem dreifachen Stacheldraht auf Streckmetallanlagen – *freundwärts* nur *antiimperialistischer Schutzwall* genannt, *feindwärts* aber *menschenverachtendes Bollwerk* – sie ist auf einmal zum Schrottpreis im Angebot: Die verzinkten Platten gehen für 20 Mark pro Stück weg, die Zaunteile landen in Privatgärten.

Bürger aus Ost und West strömen plötzlich in ein Gelände, das ihnen dreißig Jahre lang versperrt war. Sie haben keinen Blick für die zierlichen Trittsiegel der Frischlinge. Sie lassen Sektkorken knallen und staunen: An manchen Stellen war der Todesstreifen so breit, daß er selbst von einem Satelliten aus zu erkennen war.

Auch die Welt der Bewohner des Grenzbiotops ist aus den Fugen: Aufgeschreckt fahren Hasen aus der Sasse, zwischen Wachturm und Grenzzaun streunen irritierte Füchse herum. Die Schwarzkittel verschwinden, verwaiste Wurfkessel hinterlassend, aus Sumpfgehölz und einem Brachland, das sich über Nacht in einen Wanderweg verwandelt hat.

Und die tschekistische Jagdgesellschaft?

Verklungen sind Horn und Geläut. *Peter & Jürgen & Harald & Horst* sind plötzlich wie vom Erdboden verschwunden. Die Stasi-Lager werden geräumt, das Inventar wird verramscht oder rasch noch sichergestellt.

Um die steinernen Hochsitze bewerben sich Jäger aus beiden Teilen Deutschlands.

Bliebe Anita, unsere jagende Plaudertasche. Sie bewirbt sich um keinen Hochsitz, und wie breit der Todesstreifen war, das weiß sie schon lange.

Doch auch für sie ist eine Welt zusammengebrochen, mit dem Verschwinden von *Peter* ist sie in die Bedeutungslosigkeit gerutscht.

Trotzig vollzieht sie ihre vorerst letzte Metamorphose: Aus *Fiscus*, *Anita*, *Grete* und *Isolde* wird wieder Dora Schulz. Und die frischt ihr Blond auf und sitzt schon bald wieder im ehemaligen Grenzknick auf Sauen an. War da was? Klar hat sie Bammel wegen einer Enttarnung, doch so stark kann kein Schock sein, daß ihr die Büchse in der Hand zittert.

Gras wächst auf den Betonpisten, Gras über die Vergangenheit. Als die Aktenbehörde eingerichtet wird, erhält die Jägerin einen Anruf von einem Bespitzelten – rüde fertigt sie den Mann am Telefon ab.

War da was?

Eine Zeitlang sieht man ihren roten Sportwagen etwas seltener im Wendland, doch nur eine Zeitlang.

Nein, da war nichts ...

Der Rot- und Schwarzwildbestand wird heute gesamtdeutsch bejagt, und noch immer folgen Jagdhunde der Wundspur. Von Pommern her überfliegen Kraniche das dünne Land. Wendehälse kann man sehen und im Winterhalbjahr Rehe, die schon wieder in größeren Sprüngen auf gefrorenen Äckern stehen.

Intershop 2000

Gehören Sie auch zu denen, die von einer merkwürdig unstillbaren Sehnsucht nach DDR erfaßt sind? Dann planen Sie demnächst mal einen Sonntagsausflug nach Ostberlin ein. Besser noch, Sie folgen mir gleich – in ein unmittelbar an der Spree gelegenes Viertel, das weitab vom Touristenmekka Potsdamer Platz, der sogenannten *Daimler City*, liegt. Unsere *City* nennt sich *Oberbaum City*. Das mag etwas trotzig klingen und leicht übertrieben, denn *City* meint hier noch nicht viel mehr als ein paar Karrees blankgefräster Fabrikfassaden, hinter denen die ersten Designer-Büros Einzug gehalten haben und wo in sonntäglich verwaisten Innenhöfen die Wasserspiele noch immer weitgehend ohne Bewunderer über mächtigen Sandstein rinnen.

Doch das lassen Sie nicht unsere Sorge sein. Die Monumente des Zeitgeistes passieren wir, uns geht es um eine andere Zeit. Schon drei Straßen weiter werden wir auf einen Platz stoßen, den nur Voreilige als *tot* bezeichnen können; wer will, der spürt hier, wie die Häuserfassaden mit ihren Einschußlöchern von 1945 bereits ein erstes anheimelndes Signal aussenden.

Bitte nicht auf den Himmel über der Spree starren, die riesigen Hafenkräne können Sie auch woanders bestaunen! Tiefer den Blick, in Höhe der Einöde bleiben! Sehen Sie da hinten das ältere Ehepaar aus

dem Linienbus steigen ... wie es zwischen den Gras-
narben und bunten Wimpeln verschwindet? Und
dort, die beiden jungen Kerle, die sich mit prall ge-
füllter Plastetüte aufs Motorrad schwingen – die sind
soeben da herausgekommen ...

Genau dort müssen wir hin! Also vorwärts, und
maulen Sie nicht über die vielen Schuttberge, noch
sind wir nicht da.

Nun – erkennen Sie schon was? Na direkt vor uns,
der liebevoll mit Maschendrahtzaun abgegrenzte
Sperrbezirk!

Was heißt hier *angerostete Containerschlange* – lassen
Sie uns erst mal rüberlaufen.

So – da sind wir! Und nun betrachten Sie mal die
Stirnfront – das *intershop 2000*, wie es mäandert ... in
unserem gemütlichen 70er-Jahre-Gelb!

Seh'n Sie, jetzt lächeln Sie. Das ist der Wieder-
erkennungseffekt; ich weiß ja, daß Sie das Ding schon
mal irgendwo gesehen haben – aber wo? Eben das ist
die Frage. Mir ging es genauso, ich kenn' das.

Aber lassen Sie uns erst mal eintreten, unser *Sesam*
steht ja offen. Und damit Sie nicht den ganzen Ausflug damit vergrübeln müssen, woher Sie den Container kennen, verrate ich es Ihnen: Vom Ostbahnhof ...
ich meine Hauptbahnhof! Dort stand er, als transpor-
table *Raumerweiterungshalle*, und drinnen war der Intershop, für unser Reichsbahn- und MITROPA-Per-
sonal. Heute heißt sie aber *Halle für alle*, und das ist
Programm. Guter Einfall, nich? Gekauft übrigens
von einer Westberlinerin, für 1 DM ...

Hab ich es mir doch gedacht, daß Sie gleich spöt-
tisch das Gesicht verziehen ... Warten Sie's ab – und
lassen Sie vor allem die Finger von den dreckigen
Plastestühlen, drinnen spielt die Musik!

Ich verspreche Ihnen, danach werden Sie nicht

mehr derselbe Mensch sein: *intershop 2000* ist ja längst kein Wallfahrtsort von Devisenbesitzern mehr, die Milka- und Dashbeladen heimwärts streben; *intershop 2000 ist das Sesam-öffne-dich* für alle Freunde von *Halloren-Kugeln* und *Rotkäppchen-Sekt*. Ein Warensortiment, das uns DDR-Bürgern vorbehalten blieb, die auf Westverwandtschaft gut verzichten konnten. Sie erinnern sich?

Nun aber hopp hinein, mit einer Zeitrolle rückwärts!

Na, habe ich Ihnen zuviel versprochen? Jetzt dürfen Sie Ihrem Freudentaumel freien Lauf lassen. Zugegeben, ein bißchen auf Containergröße ist sie geschrumpft, unsere DDR, doch immer noch da. Als eine Welt dezenter Töne statt schriller Farben, eine Welt der bescheidenen, umweltfreundlichen Verpackung, die oft bereits ihren Plan vorfristig erfüllte und sich zu recyceln begann, sobald man sie in die Hand nahm. Seh'n Sie mal die formschönen Regale und Vitrinen, hier finden Sie *RONDO MELANGE* wieder und *Hansa-Keks*, Zuckerrübensirup und Knusperflocken. Vielleicht sogar Ihr Brigadetagebuch? Auf jeden Fall aber unser *Perligran*-Haarnetz mit Gummi (hauchzart und unsichtbar)!

Und dort, auf der Bananenkiste, zugegebenermaßen nicht ganz stilecht – jede Menge FDJ-Blusen von VEB *Pirnetta*, das Stück zum EVP von 18,50 Mark …

Paradiesisch, was? So, nun lassen Sie sich Zeit und bringen Sie mit Ihrem Entdeckerglück ruhig die letzten *Narva*-Lampen zum Glühen.

Vergessen Sie aber nicht, sich auch den Aufschriften auf den Verpackungen hinzugeben! Erst im nachhinein wird nämlich klar, daß damals recht fürsorglich auf die Gesundheit der DDR-Bürger geachtet wurde:

ESDA-Strumpfhosen zum Beispiel, das sind die dort mit der *Pendelferse*, die waren eben nicht nur *phantastisch und elastisch*, da von *Könnern ihres Fachs entwickelt und immer was Besonderes* – sie waren auch *strapazierfähig und wärmend!* Die Strumpfhose *Form-Fit* massierte unsere Kartoffelbäuche, und das Schriftdach *Brisant* auf der *CLUB COLA*-Flasche warnte immerhin unsere Magenschleimhaut rechtzeitig vor. Hier, der Haushaltsreiniger *LEUMIKOR*, der stimmte doch wahrlich diskret auf einen nach dem Benutzen möglichen Blutkrebs ein – und ist es etwa keine deutliche Mahnung an die Raucher, eine Zigarrensorte *Sprachlos* zu nennen?

Man wußte ja nie, mit welchen Intelligenzgraden bei den Käufern zu rechnen war, auch in der DDR waren nicht alle so helle wie Sie und ich. Und nachdem die erste Mutti ihr Töchterchen auf den Namen *Sahna* getauft hatte, mußte eben entschieden werden, von unseren drei beliebten Margarine-Sorten *Marina*, *Sonja* und *Sahna* nur noch die beiden ersteren in den Handel zu bringen. Seh'n Sie, dort, das *SUPPINA* bei den *TEMPO-Erbsen:* Gut sichtbar in eine Suppenschüssel gesetzt! Und damit keine auf den Gedanken kam, ein Tampon mit einer *Jubiläumsrolle* zu verwechseln, mußte man eben hinzufügen, daß *Imuna* mit seinem zur Entfernung dienenden Rückzugsfaden ausschließlich der Anwendung interner Frauenhygiene gilt ...

Mag sein, daß die Verpackungsaufdrucke etwas schmucklos und steif daherkamen, doch bargen sie stets unterschwellige Infos für eine zur Kreativität erzogene Bevölkerung. Der Naßrasierer *Golf* war eben auch für den Tischsport geeignet, der *Schleuder-Ascher* verschieden nutzbar für Brigadepausen ...

Doch das alles können Sie jetzt selbst wiederentdecken. Ich für meine Person gehe erst mal hinüber zu Elke Matz, der neuen Herrin über *FEWA* und *FIT.*

»Elke – Hallöchen!«

Vorab eine Bemerkung: Obwohl am Savignyplatz wohnend, ist Elke eine von uns. Und die Alu-Hütte, die hat sie zwar von der MITROPA für 1,– DM erstanden, dann aber auf eigene Kosten abschleppen lassen – für 6000 DM!

Sie sehen, es handelt sich nicht um eine Kolonisatorin, sondern um eine sympathische Mittfünfzigerin, die sich »eine Blues-Stimme erqualmt« hat, wie sie gern sagt. Zugegeben, Jeans und gelbe Brille sind vielleicht nicht gerade unsere Markenzeichen, doch mit dem Herzen wohnt Elke tief im Osten. Deshalb bekam sie auch keine Schwierigkeiten, als sie die Bude hier auf den Platz stellte, wo es zunächst weder Laternen noch Straßenschilder gab. Elke liebt jungfräuliche Gebiete. Und das Alu-Gürteltier, das hat sie gleich kampfeslustig *Kaufhaus des Ostens* getauft. Elke ist schon mehr als eine Kiezbelebung.

Als die Mauer fiel, war sie nur noch zum Schlafen im Westen, dort kannte sie ja schon alles, was sollte sie da noch? Also hat sie in der Linienstraße einen Lagerraum angemietet, Hochparterre, und als sie drin war, geseufzt: »Ach ja, hier möchte ich sein ...!«

Bei Elke hat sich nämlich das Unterbewußtsein wiedergemeldet, denn eigentlich stammt sie aus Nordhausen. Die Erinnerung an dieses Städtchen ist natürlich etwas verblaßt, weil ihre Familie rübergemacht ist, vom Harz nach Westberlin. Trotzdem, was drin ist, ist drin.

Seh'n Sie mal ihre Verkaufstheke, das war früher ein rollendes MITROPA-Büfett, da drängelten sich die Reisenden auf den Bahnhöfen. Und nun drängelt man sich wieder nach unseren Produkten ...

Also – ich geh mal kurz, zu sehen gibt's ja für Sie genug.

Na, wie steht's – haben Sie schon das Preisrätsel für DDR-Kenner ausgefüllt? Was denn, ausgerechnet am Sandmännchen sind Sie gescheitert? Das gibt's doch nicht, das hat doch 1959 den Klassenfeind überholt, weil es genau neun Tage vor dem West-Sandmännchen über den Bildschirm flimmerte. Also schreiben Sie das rein – immerhin gibt es eine Hausmeisterjacke aus dem *Palast der Republik* zu gewinnen!

Ich merke schon, wie sich bei Ihnen Stolz in die Freude mischt: Richtig, unsere Produkte haben es geschafft, sie behaupten sich auch in der Marktwirtschaft!

Kommen Sie mal mit an die Waschmittel-Vitrine, zu *Wofasept* und *IMI* – erinnern Sie sich noch an unser *Spee*, das *Vollwaschmittel für alle Waschverfahren?* Nun trumpft es als *Das gute Spee* auf, für *strahlend saubere Wäsche* ... Oder hier – *ATA*, das kommt *kraftvoll und zitrusfrisch* daher. *Florena Creme* heißt jetzt *Florena 2000* – klingt doch keß, oder?

Nun ja, *FEWA* sitzt noch auf dem Sprung in den Hochglanz; doch hier, schauen Sie mal in die Nachbarvitrine – *Duosan* klebt auch im vereinten Deutschland wieder mit! Und unser *Wundpflaster aus Gotha* kann uns heute um die ganze Welt begleiten, in der *Reisebox Amerika*.

Der *Zinnaer Kloster Bruder* hat es geschafft, der *Wurzelpeter*, wenn auch etwas verspätet, das *Wernesgrüner Pilsner* sowieso ... Unsere sämtlichen Zeitungen haben überlebt, sogar *Das Magazin* und *Bummi*. Vor allem aber kann man wieder *Nudossi* kaufen und *Russisch Brot* aus Dresden ...

Eines muß man allerdings sagen: Nicht immer

reicht die neue Qualität an die alte heran. Ich finde zum Beispiel, *Kartoffelpüree aus Hagenow* hat besser geschmeckt als das neue *Gold Püree der Mecklenburger Küche*, obwohl – oder vielleicht gerade, weil? – das neue Püree auch mikrowellentauglich sein soll ...

So. Und jetzt schauen Sie sich mal unauffällig unter den Besuchern um. Fällt Ihnen was auf, ich meine, merken Sie einen Unterschied? Nein? Dann schauen Sie noch mal genauer hin: Diejenigen, die sich mit der gesamten Familie über die Produkte beugen, die das alles mit einem Lächeln oder dem Seufzer des Verlustes kommentieren, das sind die unsrigen! Dagegen die beiden Frauen dort an der Kasse, die nur mal den Blick kurz haben schweifen lassen und dann gleich schnurstracks auf das Verkaufsregal zugeeilt sind, die kommen von drüben, garantiert. Auch der Mann hinter Ihnen, der gerade fachmännisch das Aluminiumgestänge begutachtet, der kennt das vermutlich noch nicht.

Die aus dem Westen, die blättern nur selten in unseren Zeitungen, das Preisrätsel interessiert sie nicht und an den Vitrinen huschen sie allenfalls mit oberflächlichem Wohlwollen vorbei.

Neulich allerdings, da war hier ein absoluter DDR-Fan, der fand das alles total exotisch. Der sagte ständig *bizarr!* zu Produkten, die er vor zehn Jahren vielleicht noch als *bieder* abqualifiziert hätte. So ändern sich die Zeiten. Gestern noch *hölzern* oder *wie mit dem Lineal entworfen* und heute schon *Kult* – unser schlichtes Design ist wieder *in*. Und nicht mehr *öde*, sondern *sexy*. *Rauh* ist der neue Trend statt *hochglanzbeschichtet*.

Sagte auch der DDR-Fan. Als der nämlich seine Finger über eine unserer Tüten gleiten ließ – Sie wissen schon, da wo drauf steht *Gut gekauft – gern gekauft* – da vermißte der keine schmeichlerische

Oberfläche mehr, die ohnehin nur dazu da ist, die Konkurrenz abzuhängen. Wissen Sie, wie happy der war? Der spürte plötzlich ein erotisches Kribbeln in den Fingerspitzen, der flippte total aus – und warum? Weil er zum ersten Mal in seinem Leben Askese tastete statt Wegwerf ...

Also, den hab' ich gleich in den *Verein zur Dokumentation von DDR-Alltagskultur* geschickt. Da gehören solche hin, das sind ja unsere Verbündeten. Und dort fragt niemand nach dem Geburtsschein, da zählt nur *Hast du dies oder hast du jenes* ... Wenn die zusammenkommen, dann überschreiten Wimpel· und Wandteller die Grenze, *MALIMO* und MITROPA.

Obwohl: Die Fundgruben liegen natürlich alle im Osten, logisch, und bei den Beutezügen haben die, die das gelernt haben, meist die Nase vorn. Erst kürzlich hat sich ein Pfälzer über diverse Restpostenmärkte tief in die Lausitz vorgegraben – und wo ist der am Ende rausgekommen? Nein, nicht vor dem *Gelben Elend* – vor der *Gelben Halle!* Das war die Kartoffellagerhalle einer ehemaligen LPG, die eben *Gelbe Halle* heißt.

Also, wie der Pfälzer das beschrieben hat in der Vereinszeitung, als er die quietschende Tür öffnete und plötzlich den Himmel auf Erden sah – das war schon fast wieder obszön. *Plaste und Elaste aus Schkopau* prangte ihm entgegen, hoch gestapelt bis unters Dach! Um diesen Fund würden ihn nicht mal die Ostler beneiden, hat er behauptet. Da wäre ich mir aber nicht mehr so sicher.

Sehen Sie mal, das rote *Sitzei* hier, das gibt es auch noch in Blau. Wurde vom Petrolchemischen Kombinat Schwedt entwickelt, 1968 – ein Gartenmöbel aus Preßstoff und Sitzpolster, das man zu einem Ei zusammenklappen kann. Dafür muß man heute bereits 1500,– DM hinblättern.

Wissen Sie, was eine *Website* ist? Die ist für alle, die den Verein kontaktieren wollen, aber selbst nicht zum Sammlertreff kommen können. Weil sie beispielsweise zu weit weg wohnen. Die können dann übers Internet anfragen, wenn sie was Bestimmtes suchen. Hier, das wird alles im Rundbrief abgedruckt:

Eine Schule plant einen Traditionsball, möchte den *Fahnenappell einer DDR-Schule naturgetreu nachstellen* ... und sucht dafür *die 10 Gebote der sozialistischen Moral* ... Die hab ich aufbewahrt, obwohl Moral heute keine Rolle mehr spielt, die könnte ich kopieren ... *primus online* – was meinen Sie, ist das Ost oder West? Ja, da ham Sie auch wieder recht, spielt heute keine Rolle mehr.

Aber hier – einen dieser hochglanzgeschädigten 68er, den hat die Schlichtheit unserer Plasteierbecher in Hühnchenform in Sammelleidenschaft versetzt ... *Dortmunder Studentin sucht dringend Erlebnisberichte aus der GST* ... Schon interessant zu lesen. Nun ja, jetzt gieren sie auch wieder nach Honecker-Plakaten! Und nach Rest-Tüten unserer Salmiak-Pastillen – da ham sie allerdings Pech, die sind schon von der Marktwirtschaft geschluckt ...

Sammler aus Wedding sucht alles von Sportvereinigung DYNAMO/MfS ...

Seh'n Sie mal, der hat es schon zu einer MfS-Überwachungskamera gebracht und mehreren Fahndungs- und Festnahmeprotokollen ... Oder hier, der Banker aus Amsterdam, der sucht noch die passenden Lederstiefel zu den ergatterten NVA-Uniformen ...

Also das hier rührt mich ja am meisten an: Der Arbeitergesangsverein Halle-Ost erbittet eine CD oder Kassette mit Propagandaliedern – mit sozialistischen Grüßen ...

Besitzen Sie noch so was? Schade, ich leider auch nicht.

Aber einen Bastelbogen der Stalinallee, den hab ich noch – der soll inzwischen ein Geheimtip sein auf dem Trödelmarkt. Mein Bruder hat seine Bastelbögen alle aufgehoben, sogar die vom *P 70* und der *Festung Königstein* – der kann sich locker sein Vorruhestandsgeld aufbessern damit.

Ach, und was seh' ich denn hier? Ich werd' nich wieder – das letzte Buch vom Fernsehkoch! Das kommt nun mit einer Verspätung von zehn Jahren raus ...

Um so was kümmert sich Elke – die nimmt davon ein paar Exemplare ab und verkauft sie nach und nach. Hier, ein Restexemplar von *Design und Architektur in der DDR und den sozialistischen Bruderländern*, dafür findet sich garantiert auch noch ein Liebhaber.

Apropos Elke: Verpassen Sie nicht, sich dort in der Ecke das MITROPA-Regal anzusehen, das ist ihre Spezialität, das hat sie alles selbst zusammengetragen. Nach der Wende, als es mit dem Stillegen der Bahnhöfe losging, ist sie den Stapeltassen hinterhergejagt wie andere dem Bernsteinzimmer. Hier, seh'n Sie mal, den Packen Tüten aus den *Fünfzigern*, den hat sie in einem Rostocker MITROPA-Keller ergattert.

Das meiste kommt aber aus der Friedrichstraße, da hatte die MITROPA drei Lagerräume, und als die geleert werden mußten, ist Elke hin. Als sie ankam, sah sie gerade die Zeugen Jehovas mit Kartons abziehen ...

»Entschuldigung, haben Sie noch Nordhäuser Doppelkorn?«

Ich? Wieso ich – tut mir leid, aber ich bin hier nicht die Verkäuferin. Da drüben, am Kassenbüfett ... Moment mal, wo ist Elke? Dort, schau'n Sie mal durchs

Fenster, da drüben am Lager, die Frau mit der Zigarette im Mundwinkel ... Die kommt aber gleich wieder, holt nur irgendwelchen Nachschub. Am besten, Sie geh'n raus und sagen ihr, sie soll gleich noch ein paar Flaschen *Nordhäuser* mitbringen.

Haben Sie den überhaupt wahrgenommen, den zweiten Container draußen? Der taugt allerdings nur noch als Lager, da klemmt die Ziehharmonika ...

– Also, wo waren wir stehengeblieben? Ach, ja – die Zeugen Jehovas zogen gerade ab, bepackt mit MITROPA-Geschirr. In den Lagerräumen war aber noch massenhaft da, so acht-, neuntausend Suppentassen, dazu Kännchen ohne Deckel. Nur keine Untertassen ...

Elke hat damals fast alle Bahnhöfe abgeklappert, unsre Leute schmissen ja alles weg. Das war der reine Vandalismus – richtig mit dem Spaten in die vollen ...

Damals habe ich mich geschämt. Nicht für das Geschirr, sondern für meine Landsleute, wie die ihre eigene Arbeit zertrümmert haben.

Kennen Sie Momper, den SPD-Kandidaten aus Westberlin? Der hat sein ganzes Wahlbüro mit MITROPA-Geschirr ausgestattet, so schlecht konnte es also nicht sein. Und heute ist ja eine MITROPA-Tasse ein Kultgegenstand ...

Elke müßte man noch nachträglich zum *Aktivisten* schlagen, die hat als Westlerin für unsere Produkte gekämpft, als die massenweise in die Mülltonnen flogen.

Eigentlich ist sie ja Ausstellungsmacherin, und ein paar Jährchen hat sie wohl auch auf dem Land gelebt, irgendwo im sogenannten Zonenrandgebiet, hat Restaurants mit Bioware beliefert. Und sich dann auf Wohnungsauflösungen spezialisiert. Bei Rentnern zum Beispiel, die ins Altersheim mußten, da hat sie die Wohnung besenrein gemacht. Und die Geschich-

ten der alten Leute gesammelt – also nicht *Antiquitä-
ten abzocken, dann nichts wie weg.* Doch dann standen
immer die Möbel zwischen ihr und den Menschen, da
hat sie das aufgegeben. Und glücklicherweise fiel ja
dann die Mauer. Das *glücklicherweise* ist natürlich
nicht von mir, das ist von Elke.

Manchmal ist sie mir ein bißchen zu sehr Femini-
stin, wenn sie zum Beispiel *Ach, du liebe Göttin!* sagt.
Dann merke ich schon, daß wir unterschiedliche Bio-
graphien haben. Und ihre Musikauswahl, die paßt
nicht zur Ausstellung. Aber sonst ...

Sie wundern sich wohl, daß es hier plötzlich ein bißchen leerer ist? Das hat nichts zu bedeuten – es ist ja
Sonntag, da fahren die meisten Familien zum Mittagessen heim.

Kommen Sie, jetzt frag ich mal die Leutchen da am
Verkaufsstand, was sie hierhergetrieben hat. Dort, die
Mittdreißiger, die sich gerade mit *Nudossi* eingedeckt
haben. Ich möchte wetten, wir zwei sind derzeit hier
die einzigen Ossis.

»*Entschuldigung, dürften wir mal eine klitzekleine Frage
   stellen? Nein, wir sind keine Journalisten, wir woll'n
   nur mal wissen, was andere hierhergetrieben hat ...*«
»*Na ja, also die Zeitung, wir haben einen Artikel in der
   Zeitung gefunden. Wir fanden das toll und wollten
   einfach mal gucken. Wir sind ja alles Berliner, und
   da ...*«
»*Westberliner?*«
»*Ja – wieso?*«
»*Also, wir wollten einfach mal gucken. Wir haben natürlich nicht den Bezug zu diesen Sachen, den Ostberliner
   haben ...*«
»*Es ist mehr ein Versuch, auch den anderen Teil Berlins*

kennenzulernen. Gerade unsere Generation hat ja gro-
ße Probleme miteinander. Die Jungen nicht, die kom-
men auch so miteinander zurecht ...«
»*Und da ham wir uns gedacht, wir wollen auch einen*
Beitrag zur Geschichtsaufarbeitung leisten ...«
»*Schön, wer hätte dagegen was einzuwenden. Darf ich Sie*
noch fragen, was Sie beruflich ...?«
»*Ich bin Statiker.«*
»*Und Sie?«*
»*Also, ich arbeite im Reisebüro ...«*
»*Seh'n Sie, das war ja schon alles. Danke, und Ihnen einen*
schönen Sonntag!«
»*Ja, tschüß denn!«*

Na – hatte ich recht? Für die ist das hier nur ein
Kaufmannsladen. Und dann dieses steife Programm-
deutsch: ... *wollen einen Beitrag zur Geschichtsaufarbeitung leisten* – so was sagen die auf unserem Reisebüro
nicht.

Was denn, Sie woll'n schon gehen? Ach so, Sie
müssen ... Aber erst mal müssen Sie noch die MI-
TROPA-Reisegeschichte hör'n. Und einen zweiten
Umfrage-Versuch starten wir auch noch – die Frau
dort, die mit der Dose *Linda neutral* in der Hand und
den Mann im käferbraunen Anzug, die habe ich schon
länger im Auge: Knallroter Glockenrock und rotes
Haarband, dazu grüner Eyeliner – die kommen vermutlich aus Düsseldorf.

»*Entschuldigung, dürfen wir Sie nur mal kurz fragen,*
was Sie hierhergetrieben hat?«
»*Wat? Nee, wir jem keene Auskunft!«*
»*Nein, nein, machen Sie sich mal keine Sorgen, wir sind*
nicht von der Presse, wir woll'n das nur für uns privat
wissen.«

»Na jut denn. Wir ham im Fernsehn 'n Beitrach über 'n ›intershop 2000‹ jesehn – wo war det? Ick gloobe, B1 ...«

»Ja, in B1 ...«

»Und da ham wa uns jesacht, da jehn wa ma kiecken, wat so übrigjebliem is ...«

»Und woher kommen Sie?«

»Marzahn.«

»Aus Marzahn?«

»Ja – ham' Se wat dajejn?«

»Nein, nein ... im Gegenteil. Also, dann ... Nun, das war's eigentlich schon, danke. Und noch 'n schönen Sonntag!«

»Für Sie ooch!«

Marzahn ... wer hätte das gedacht. Wahrscheinlich eine ausrangierte Tänzerin. Jedenfalls ganz schön mutig, in so einem Kostüm durch Marzahn zu spazieren.

Seh'n Sie mal diese Verkaufsregale! Mehr als siebzig Betriebe haben schon wieder zu tun – vom Wimpel bis zum Margonwasser, die DDR geht weg wie warme Semmeln. Und was vergriffen ist, wird eben nachgefertigt.

Das hier ist eines von Elkes *Kult*-Produkten: *Osta-Cola!* Die kommt aus Thüringen und schmeckt so ähnlich wie die *Vita-Cola*. Die Westler finden die aber zu süß ... Und hier wieder unsere herrlichen Tüten! Was steht denn auf Ihrer? *Meine Mutti kauft hier!* – niedlich. Bei mir steht *Das Gute setzt sich durch!* Und das tut es auch. Elke sagt, manche Leute stellen sich diese Tüten in die Vitrine und schicken ihr dann ein Foto davon.

Das einzige, was mich hier wirklich stört, ist dieses

Pop-Gedudel. Als hätte es in der DDR nur Arbeiter-
lieder gegeben.

So, zum Schluß noch die MITROPA-Reisegeschich-
te, die hab ich vor ein paar Tagen hier im *intershop
2000* selbst nacherlebt – *Reisen & Speisen mit der MI-
TROPA*. Eine Abteilbank der Reichsbahn hat Elke ja
noch nicht auftreiben können, dafür aber jede Menge
MITROPA-Utensilien. Und da hab' ich mir von ihr
ein Täßchen *Mocca-Fix* reichen lassen und mir vom
Büfettisch die Speisekarte gegriffen, dazu das Heft
Der Gast hat das Wort, Sie wissen ja, das Forum freier
Meinungsäußerung für Reisende. Also, allein schon
die Preise hätten einem das Herz für die DDR erwär-
men können: Rindsroulade für 3,05 Mark, Eisbein für
2,75 Mark ... wo gibt's denn das heute noch? Frische
Champignons in Sahnesauce für 1,75 Mark – solche
Speisezettel sollte man der vereinigten deutschen Ga-
stronomie mal auf den Tisch knallen!

Und die Dankesworte in der Rubrik *Hier spricht der
Gast*, die belegen akkurat, was nun auch den Verdrän-
gern wieder einfällt: Daß in der DDR nicht alles
schlecht war! Mal lobte eine Handball-Mannschaft
aus Erfurt die freundliche Bedienung, mal ein Pio-
nierkollektiv aus Berlin die *exakte und freundliche Be-
wirtung*; unseren Genossen von der Volkspolizei
Stralsund *mundeten Speisen und Getränke sehr gut*, was
ich nachvollziehen kann, und ein Lehrerkollektiv aus
Dannenwalde bescheinigte zuerst dem Küchenkol-
lektiv und dann dem gesamten Gaststättenkollektiv
ein *reichhaltiges, schmackhaftes Essen* ... Na bitte!

Die Kommentare der Meckerer könnte man eigentlich überblättern, weil es sich hier vorwiegend
um Leute handelt, die immer was zu meckern haben.
Dann schreiben sie, daß es überhaupt keine Champi-

gnons gab, das Angebot mitunter auf zwei Gerichte geschrumpft war; daß man eine Stunde an der Tür warten mußte, obwohl noch neun Tische frei waren, das Personal sich flapsig benahm oder das Bauernfrühstück angebrannt war ... und so weiter.

Will jemand behaupten, im Westen gäbe es kein angebranntes Bauernfrühstück? Und überhaupt – wer nimmt denn heute noch ein Beschwerdebuch ernst? Dazu kommt: Wie soll man sachlich reagieren, wenn ein Gast zur Pauschalkritik neigt und seinen Kommentar *Keine Bedienung, keine Selters, keine Cola – dafür aber unsaubere Tischdecken!!!* mit wütenden Ausrufezeichen garniert. Und statt eines konstruktiven Vorschlags noch frech bemerkt: *Fehlt nur noch der Hinweis, daß der Gast das Geschirr selbst abwaschen muß!*

Natürlich war manche Kritik auch berechtigt. Daß sich zum Beispiel im MITROPA-Friseursalon des Hauptbahnhofs Leipzig die Beschwerden häuften, weil DDR-Bürger ordentlich zur Arbeit gehen wollten, eine gültige Fahrkarte vorweisen konnten und trotzdem nicht drankamen – das sollte man auch im nachhinein nicht schönreden. Wobei an dieser Stelle ergänzt werden muß, daß sechs der Friseusen krank und zwei Muttis im Wochenurlaub waren. Daß allerdings Reisende Samstags vormittags fast nie drankamen, weil da die Mitarbeiterinnen einander fürs Wochenende frisierten – nein, das ist nicht zu entschuldigen. Auch nicht, daß unfrisiert abfahren mußte, wer fünfundvierzig Minuten vor Schichtschluß den Salon betrat, weil da schon ausgekehrt wurde ...

Natürlich war nicht alles gut in der DDR, auch dazu müssen wir uns bekennen. Nur sollte man der Gerechtigkeit halber auch die Zusatz-Rubrik *Der ehemalige Gaststättenleiter hat das Wort* auslegen – aufgeschlagen und rot unterstrichen, am besten am Verkaufsregal, wo die meisten Wessis sind.

Denn wer nicht nur alles schwarz-weiß sehen will, der kann noch mal nachlesen, wie auch die MITROPA-Kollegen der Bahnhofsgaststätte Eberswalde vom *Herbst 89* mitgerissen wurden, wie sie die Gasträume renovieren und neu bestuhlen ließen und modernen Gardinenstoff kauften, der von den Frauen zu Hause selbst zugeschnitten und genäht wurde, unentgeltlich. Ich wiederhole: Unentgeltlich! Bis nach der Währungsunion dann EDEKA den Laden übernahm und alles wieder abräumte – in einer Art, daß den MITROPA-Mitarbeiterinnen das Herz blutete. Und dann die Kündigungen – ruppig, kalt, gefühllos –, als ob der Mensch auf den Müll der Geschichte gehört. In der DDR ging kein Werktätiger in Rente ohne einen Blumenstrauß und ein paar anerkennende Worte der BGL ...

Wie bitte? Was denn, Sie wissen nicht, was BGL ist? Na Betriebsgewerkschaftsleitung! Moment mal – soll das etwa heißen, daß Sie ... ach, Sie sind gar nicht aus dem Osten!?

Naja dann ... Und auch früher nicht hier gelebt?

Also, vorhin hab ich das mal einen Moment lang gedacht, als ich Sie beobachtet habe. Woher kommen Sie denn?

Ach so, Hamburg. Nun ja ... Hamburg soll ja auch eine ganz nette Stadt sein, bißchen windig. Aber wissen Sie, was mir da gerade einfällt? Ab nächstes Jahr wird es auch in Hamburg *Ostalgie* geben, ein ganzes *Ostalgie-Kaufhaus*, das hat Elke mir erzählt. Dann brauchen Sie nicht mehr so weit zu fahren.

Rückkehr aus dem Paradies

An diesem Novembermorgen ist Patient D. noch in der Balance. Kurz nach sieben betritt er die Sporthalle und läßt sich an der Geräteausgabe die Boxhandschuhe aushändigen. Leicht verschlafen steuert er auf die Matte zu, über deren Mitte ein Ledersack hängt. Viel ist nie los um diese frühe Stunde, und auch heute strampeln am anderen Ende der Halle gerade mal zwei Patienten auf Trainingsrädern. Tischtennisplatten und Volleyballnetz sind verwaist.

D. streift die Boxhandschuhe über. Kurze Zeit später verfängt sich das Klatschen von Leder auf Leder im Dachgebälk.

Der Hamburger ist in diesem Herbst täglich in der Halle zu finden und stets um die gleiche Zeit; für die Wochen seines Klinikaufenthaltes haben ihm die Bewegungstherapeuten den Sandsack verordnet, jeweils morgens vor dem Frühstück, für jeweils fünfzehn Minuten. Die Matte begrenzt das Schon-Areal, in dem er Aggressionen abbauen soll – Aggressionen, die bei scheinbar geringen Anlässen explodieren können.

Je nachdem, wie die Nacht des Patienten verlaufen ist, fällt morgens das Boxen aus: Mal schlägt er in wuchtigem Rhythmus zu, mal prasseln kleine Schläge aufs Leder, als flehten seine Fäuste um Befreiung, mal erinnern sie in ihrem Gleichmaß an nichts als ein normales sportliches Training. Geht es D. sehr schlecht, was häufig vorkommt, dann nimmt er sich einen seiner Vernehmer vor, einen Knastaufseher, einen ehemaligen Mitfunktionär ...

Gestern beispielsweise drängte sich die Visage seines Rostocker Vernehmers zwischen Lederbalg und Fäuste. Der hatte ihm zuvor eine rotierende Nacht beschert: Auf dem *Stuhl* sah Peter D. sich wieder sitzen, auf dem er damals qualvolle, nicht enden wollende Stunden ausharren mußte. Ein Stuhl, dem Arm- und Rückenlehne abgesägt worden waren ... was ihn keineswegs in einen Hocker verwandelte, sondern in eine hölzerne Verhöhnung: *Ein Verräter wie du hat das Recht verwirkt, sich anzulehnen* sollte ihm die Stuhlverstümmelung signalisieren.

Was ist Zeit? Das Gefühl von Zeit, die still steht, läßt sich später nicht nachvollziehen, auch im Traum nicht. Doch war er schweißgebadet aufgewacht, unter heftigen Schmerzen: Er hatte wieder auf dem verdammten Ding gesessen, die ersten Stunden wie ein Stock, später die Wirbelsäule mal nach links, mal nach rechts verlagernd, bis schließlich die verspannten Knie sein Gewicht aufzufangen suchten ...

Gestern hat sich die Nacht linear bis zum Sandsack verlängert; mit diesem Schmerz, der schließlich vom Nacken bis zu den Knöcheln an ihm riß, war er aufgewacht. Damals, im Sommer 1973, als die Blutzirkulation in seinen Beinen zu stocken begann und er den Vernehmer bat, kurz aufstehen zu dürfen, hatte der es sich mit einem *Nee, dürf'n Se nich!* in seinem Polsterstuhl erst richtig bequem gemacht, hatte sich noch mehrmals demonstrativ geräkelt.

An diesem schwabbeligen Stasi-Typen mußte er sich gestern abarbeiten, mit dreißigjähriger Verspätung und ausdrücklicher Ermunterung durch seinen Therapeuten.

Doch heute morgen geht es Peter D. gut, den Umständen entsprechend. Das muß am Datum liegen, es ist der 9. November. Für den Ex-Kommunisten aus Hamburg ist das ein Tag freudiger Erinnerung, und das hat er schon beim Aufstehen gespürt: Vor zehn Jahren, als die Mauer fiel (was auch er zunächst für einen Betriebsunfall des Politbüros hielt), hatte er ein selten gewordenes Glücksgefühl empfunden – nun waren endlich alle DDR-Bürger befreit: so, wie er. Tagelang war er gut drauf und schließlich mit seiner Schwester zur Grenze nach Lauenburg gefahren, um die euphorisch heranknatternden *Brüder und Schwestern* mit Sekt zu empfangen.

Die heutige Nacht also hat er durchgeschlafen. Und so zeigt sich im Bearbeiten des Sandsacks eine fast sportliche Gelassenheit, entladen sich weder Hilflosigkeit noch Wut oder gar Haß auf dem Balg. Peter D. kann sich auf seine Knie konzentrieren, die zweimal wegen eines Meniskusschadens operiert werden mußten und allzu große Schrittausfälle prompt bestrafen.

Eine halbe Stunde später macht er sich auf den Weg zum Speisesaal, mit ihm Patienten aus allen Etagen.

Doch als er das Foyer durchqueren will, bleekt ihm plötzlich rechts von den Titelseiten am Zeitungsstand das widerlichste Gebiß entgegen, das er kennt: Egon Krenz!

Fassungslos bleibt er stehen … *Wie kommt dieser Kerl hierher?*

Patient D., der während seines Klinikaufenthaltes Zeitungen und Fernsehen weitgehend meidet, begreift zunächst nicht, wer diesen Schleimbeutel mit dem traueumflorten Blick ins Foyer gelassen hat …

Er spürt den Ring, der sich in Sekundenschnelle

um seinen Oberkörper schließt. »Weitergehen!«
murmelt er, »nicht noch mal hinschauen und sofort
an was Positives denken!«

Das Positivste, was ihm in diesem Moment, in dem
er mühsam versucht, sich in einen normalen Rhythmus zurückzuatmen, einfällt, ist der Wald draußen.
›Rausgehen und dieses Gebiß abschreien! Abschreien
diese Tränensäcke, die ganze verlogene Bonzenvisa-
ge ...‹

Mechanisch läuft Patient D. weiter, versucht, unauffällig und sportlich zu wirken. Doch er dreht nicht
zum hinteren Eingangsbereich ab, der in den Wald
hinausführt; er schafft es tatsächlich – die Hände noch
etwas verkrampft, als umklammerten sie zwei Barren-
holme –, sich wieder in die Karawane derer einzurei-
hen, die Richtung Speisesaal ziehen.

›Ich darf mich nicht bei jeder Kleinigkeit aus der
Bahn werfen lassen‹, beschwört er sich, ›nicht von
denen! Ich bin hier, um den Schalter umzulegen!‹

Der innere Schalter von Peter D. aber hat sich
bereits umgelegt ... in Richtung der düsteren Kapitel
seiner Vergangenheit. Und während er den leeren
Teller an einem zwanzig Meter langen, üppig gefüllten Frühstücksbüfett entlangschiebt, spürt er, daß ihn
der Appetit längst verlassen hat. Jetzt bräuchte er
eigentlich den Sandsack – *jetzt!* Denn soweit kennt er
sich, daß er weiß: Es wird ihm nun nicht mehr gelingen, auf dem Rückweg zum Zimmer den Zeitungsstand einfach zu ignorieren, als gingen ihn die Titel-
bilder des heutigen Tages nichts an. Es ist zu spät, die
Fresse von Krenz hat ihn getroffen wie ein Geschoß.

›Wann habe ich Einzeltherapie ... zehn Uhr ...
viel zu lang ...‹

Wie die Wartezeit überbrücken, ohne abzustürzen?
Keine Zeitungen, kein Fernsehen, kein Radio! Mit die-

ser Devise tritt er jedes Mal in der Psychosomatischen Klinik an, und meist hält er das auch durch, wochenlang, aus blankem Selbstschutz. Er will keinem der verhaßten Wörter mit drei Buchstaben gestatten, seinen inneren Schalter umzulegen – weder *DDR* noch *MfS*, *SED* oder *PDS*. Wieso gibt es hier überhaupt einen Zeitungsstand – und das auch noch im zentralen Foyer, wo jeder mehrmals am Tag durch muß? Er ist doch hier nicht der einzige, dem dieses Regime die Beine weggeschlagen hat!

›Na klar‹, fällt ihm plötzlich ein, ›die Mitpatientin aus Zwickau hatte ja am Wochenende von Leipzig erzählt, vom Bundesgerichtshof, wo am Montag über die Berliner Urteile gegen das Politbüro befunden werden sollte ... Montag, das war gestern ...‹

D. wird sich bewußt, daß es ihm gestern tatsächlich gelungen ist, allen politischen Gesprächen auszuweichen und damit auch den Spekulationen über den Ausgang dieses Verfahrens.

»Reden Sie über sich ...«, ermahnen die Therapeuten jede neu einrückende Patientenschicht, »... über sich und nicht über äußere politische Ereignisse!«

An dieser Leine hangelt sich Patient D. über Wochen entlang, obwohl er weiß, daß er sich danach wie ausgewrungen fühlt. Über sich selbst zu reden ist das Quälendste, was er kennt, denn das heißt nichts anderes, als in tiefen Wunden herumzustochern. Wunden, die ohne fremde Hilfe nicht mehr heilen. ›Den inneren Hebel so stabil umlegen, daß einen die alten Geschichten nicht länger zu Boden hauen ...‹

Sich auf das Wort *Hebel* konzentrierend, würgt der Hanseat eine Scheibe Brot mit Wurst runter. Dann geht er, stoßweise atmend, direkt auf den Zeitungsstand im Foyer zu.

Besser gesagt: Der Zeitungsstand verstellt ihm den Weg ins Zimmer. Natürlich faßt D. kein einziges Blatt an, doch liest er gierig die Schlagzeilen über dem Krenz-Gebiß – sie bestätigen die 6 Jahre des Berliner Urteils.

›6 Jahre? Entschieden zu mild! Der is' ja nich nur für die Mauermorde mitverantwortlich, der trägt auch eine Mitschuld an Erwins Tod. Und nun sitzt dieser Bonze schon seit einem Jahrzehnt unter seinem reetgedeckten Dach an der Ostsee und schaukelt sich die sozialistisch gewelkten Eier ...‹ Der Kiefer des Patienten beginnt zu mahlen, seine Handflächen sind klatschnaß. ›... Fährt einen Audi, der Strolch, und spricht auch noch von Strafrente ... Wie der beleidigt aus seinem Trauerflor guckt, so, als sei er gerade mal bei Rot über die Straße gelaufen ...‹

»Mindestens zehn Jahre hätte ich dem aufgebrummt – mindestens!«

Peter D. schrickt auf, als der neben ihm stehende Patient ihm erregt beipflichtet. Hat er laut gesprochen? Das fehlte gerade noch, er muß sich zusammenreißen ... Sein Nachbar, ein 70jähriger Mann, schaut verzweifelt. Er ist schon zum achten Mal hier in der Klinik. In den Fünfzigern war er Studentenführer an der Leipziger Uni, dann hat ihn die SED wegen Opposition für acht Jahre in Bautzen eingelocht. Der versteht ihn am besten.

Trotzdem, er darf sich nicht gehenlassen. Mit einem Seufzer in Richtung des Mitpatienten dreht D. sich ab. Er nimmt die zwei Stufen des Flurs, der zu seinem Zimmer führt, Sportlichkeit vortäuschend. Und während der schlanke Körper des 54jährigen eine kleine Überdrehung abfängt, hasten die letzten Frühstücksgäste an ihm vorbei zum Speisesaal.

›Das fletschende Gebiß hängt längst nicht mehr im

blauen Hemd, das hängt jetzt in einer Wildlederjacke. Salopp, salopp ...‹

In seinem Zimmer zieht er hastig den Anorak an. Nun, da er Sandsack und Trommeln von anderen Patienten besetzt weiß, wird er die Zeit bis zur Einzeltherapie mit einem Spaziergang zu überbrücken suchen.

Einen langen, schönen Herbst scheint dieser 9. November fortzuschreiben. Der Tag riecht schon ein wenig nach Winter, doch taucht die Sonne die Birken in Gold, stehen die Essigsträucher am Wegrand in flammendem Rot. Das milde Wetter hat etwa ein halbes Hundert Patienten nach draußen gelockt – einzeln stehen sie herum, in Grüppchen, flanieren durch die Parkanlage, bei einigen klebt ein Handy am Ohr.

Den Hamburger verlangt es nicht nach menschlicher Nähe. Zügig läuft er an der Cafeteria vorbei zum Wald hinüber, und noch immer dominiert Egon Krenz seinen Rhythmus. Ein paar hundert Meter, und D.s Tempo gleicht dem eines Dauerlaufs.

... Schabowski hat er in Hamburg ein paarmal im Fernsehen gesehen – der scheint der einzige zu sein, bei dem sich inzwischen so etwas wie Scham eingestellt hat. Bei Schabowski empfindet er kein Rachegefühl mehr, nicht bei dem und auch nicht bei den beiden Stasi-Spitzeln, die ihr unseliges Tun inzwischen ebenfalls zu Patienten dieser Klinik gemacht hat. Übrigens hätte er nie erwartet, daß es so was gibt ... daß wenigstens einige der vielen tausend Denunzianten von einem Schuldgefühl heimgesucht werden, das auch ihre Lebenstüchtigkeit erschüttert. Bei diesem Aufenthalt in der Klinik, sein sechster im Lauf von zehn Jahren, hat er etwas dazugelernt. Fast täglich stößt er in der Gruppentherapie auf die beiden – dort sitzen nun Täter und Opfer des gleichen Terror-Regimes einander gegenüber, und ihr jämmerlicher Zustand läßt Unterscheidungen kaum mehr zu ...

Die Hände tief in den Taschen stürmt er durch den Wald. Unvermittelt schweifen seine Gedanken nach Hamburg. Er fragt sich, wem er eigentlich mehr Sympathie entgegenbringt – den beiden Kreaturen, die nachweisbar Menschen geschadet haben, oder seinen vielen Hamburger Bekannten, die nie jemand bespitzelten, doch ihre Fahne stets eifrig nach dem Wind hängten ...

Zwanzig Jahre hat Peter D. die DDR nun schon hinter sich, doch sie klebt an seinen Fersen, im Gehirn, in seiner Seele. Noch immer versucht er, eine der größten Enttäuschungen zu verkraften, die einem Menschen widerfahren kann. *Ent-Täuschung* nennt er diesen Ablösungsprozeß, der von einer Dauer und einem Schmerz war, den eine Frau ihm nie hätte zufügen können. Der *Kommunismus* war die große Idee seines Lebens gewesen. Und er hatte sich ihr mit einer solchen Leidenschaft hingegeben, daß er, als ihn die Idee irgendwann in die Wirklichkeit zurückspie, von einer Traurigkeit erfaßt wurde, die nicht vergehen will. Der Glaube an das Gute im Menschen verschwand unter einer dicken Schicht Schwermut. Zu Hause auf dem Fensterbrett hat er eine Postkarte stehen mit einer Reihe kleiner Gestalten – Dickbäuchige, Dürre, Frauen, Männer. Geduldig stehen sie auf einer Zeile an, um an deren Ende ins Bodenlose zu kippen. *zwei dinge sind unendlich* – steht daneben – *der kosmos und die dummheit der menschen.* Die Karte spricht Peter D. aus dem Herzen.

1960, mit gerade 15 Jahren, war er der illegalen KPD beigetreten – ein Moment, auf den er sich lange vorbereitet hatte.

Er war ein Kriegskind, gezeugt in einer Bombennacht, geboren im Bunker unter der Frauenklinik – in einem Hamburger Arbeiterviertel, das nach den Flächenbombardements der Alliierten einer Trümmerwüste glich.

Überträgt sich Angst im Mutterleib? Die Ärzte hatten die Gebärenden beruhigt, die Decke des Bunkers sei so stabil, daß sie wirklich jeder Fliegerbombe standhalten würde. Die Angst der Frauen blieb. Und wuchs in dem Vorschulkind, als man es vorübergehend nach Travemünde ausquartierte – wo es in einem ausgedienten Luftschutzbunker schlafen mußte, dessen Tür von innen nicht zu öffnen war.

Doch D.s Leidenschaft für eine bessere Welt, die *Kommunismus* hieß – läßt sie sich daraus ableiten? Klar, er war ernsthafter als seine Mitschüler, er wollte die Welt ergründen, vor allem die Ursachen für Kriege. Und so stürzte er sich mit zwölf Jahren auf den SPIEGEL wie Gleichaltrige auf Mickymaus-Hefte. Aber auch das erklärt nicht die Dimension des am Ende für ihn so lebensbedrohlichen Irrtums. Das Elternhaus? Seinen Vater hat er nie kennengelernt; sein Stiefvater war fünfundzwanzig Jahre lang zur See gefahren, bevor er die Mutter heiratete – sein Stiefvater war ein Linker, doch Kommunisten stießen bei ihm auf schroffe Ablehnung. Vor Jahren hat mal ein Therapeut vermutet, er hätte dem Stiefvater eins auswischen wollen mit seiner kommunistischen Leidenschaft, aus Rache, weil der sich zwischen ihn und seine Mutter geschoben hatte. Damit lag der Mann aber völlig daneben – Peter D. hat seinen Stiefvater sehr gemocht, weil der die Welt in so leuchtenden

Farben schildern konnte, daß er und seine Geschwister ihm stundenlang an den Lippen hingen ...

Von welchen Seiten D. seine frühen Hamburger Jahre auch beleuchtet, er findet keine zwingenden Gründe dafür, daß ihn gerade der Kommunismus derart mitriß. Die Resonanz seiner Umwelt mag ihn bestärkt haben – Kommunist zu sein war Ende der fünfziger Jahre noch alles andere als chic, dazu gehörte noch Mut. Und ab und zu wurde man ja auch zur Polizei bestellt. Doch D. war kein Stänkerer und Provokateur – er war zutiefst überzeugt von der großen Idee und seiner Mission, diese zu verkünden, bis sie auch die Gesellschaft erfaßt haben würde, in der er aufgewachsen war. Im Radio versuchte er, so oft wie möglich Ulbricht-Reden zu erwischen, um sich zu vergewissern, daß in der Deutschen Demokratischen Republik, die in Hamburg stets nur *Zone* oder *Mitteldeutschland* genannt wurde, Arbeiter und Bauern endlich eine Chance gekriegt hatten. Und was da über den Imperialismus und die Ausbeutung der Arbeiter gesagt wurde, das konnte er schließlich in der eigenen Familie erleben: Mußte sein Stiefvater nicht kämpfen, um die mittlerweile fünfköpfige Familie durchzubringen? Sobald er krank wurde, bekam er nur noch 50% seines Lohns, da haben sie fast am Hungertuch genagt. Schon deshalb konnte Peter D. nicht begreifen, wieso der Stiefvater den Kommunismus trotz allem derart verteufelte, daß sie mit ihrem Kommunismus-Streit häufig den kargen Abendbrottisch überzogen ...

Schon von weitem erspäht Patient D. zwei ihm entgegenkommende Gestalten, unverzüglich biegt er in einen Nebenweg ein.

Natürlich beflügelte ihn der Bann, in den er seine Mitschüler zu ziehen vermochte, wenn er in den Pausen, agitierend wie Lenin, auf dem Schulhof stand. Doch das Schlüsselerlebnis bescherte dem 14jährigen ein älterer Herr. Er war gerade mal wieder auf einer Hamburger Treppe in Aktion, umringt von einer kleinen Menschentraube und wie immer neben sich seinen Freund Erwin, der zwar nie viel sprach, aber ein treuer Mitkämpfer war, als eben dieser Herr herantrat und die beiden Jungs fragte, ob sie nicht Lust hätten, mal ihre Ferien in der DDR zu verbringen.

Lust hätten? Sie waren außer sich vor Glück! Und durften gleich in den Sommerferien ins Paradies einrücken, unter dem Motto *Frohe Ferien für alle Kinder!* Das Paradies war ein Pionier- und FDJ-Zeltlager in Thüringen, wo sie die Feengrotten besichtigten und das Chemiefaserkombinat *Wilhelm Pieck* in Schwarza, in dem die beiden Hamburger Jugendlichen glücklichen Werktätigen die Hand drücken durften. Ein Paradies, in dem sie wanderten und beschenkt wurden und eine ganze Menge über den Frieden lernten. Das ganze kostete gerade mal 30 D-Mark, für insgesamt drei Wochen. Gab es so etwas in Westdeutschland? Nein. Dagegen konnte nicht einmal sein Stiefvater etwas sagen ...

Peter D. gerät in Wallung, er sollte darüber nicht mehr nachdenken, die alten Geschichten endlich ruhen lassen. Sollte ... Wie aber hätte er als 14jähriger dieses perfide System durchschauen können?

Schlechter sahen die Jugendlichen in Thüringen übrigens damals auch nicht aus als die in Hamburg, es war ja eine Zeit, in der auch im Westen noch viele Menschen arm waren und die meisten Jugendlichen abgetragene Schuhe und Klamotten trugen ...

Er hatte angebissen. Noch mit 15 Jahren trat er in die illegale KPD ein und ein Jahr später in die Deutsche-Friedens-Union, in der er alle seine alten und jungen Genossen aus der KPD wieder traf. Er erinnert sich, daß die DFU-Leute von Lästerern *Die Freunde Ulbrichts* genannt wurden, und plötzlich huscht ein Lächeln über sein Gesicht. Es wird sein einziges Lächeln an diesem Tag bleiben.

... Natürlich wußte er, daß es sich bei der DFU um eine Tarnorganisation der KPD handelte, wieso auch nicht? Warum hatte man denn in Westdeutschland die KPD verboten – und damit den Weg zum Frieden versperrt?

Im Marsch durch das Nadelgehölz verdichtet sich sein langer Marsch durch den Irrtum ... Peter D. verlor seine große rhetorische Begabung in dem Moment, als ihm bewußt wurde, daß er sie für eine der größten Menschheitslügen einsetzte. Doch das war später, viel später, da war er schon in der DDR. Seine Leidensfähigkeit am Unrecht in dieser Welt hat er nicht verloren ... »Belasten Sie sich nicht dauernd mit Menschenrechtsverletzungen in Chile oder Nordkorea«, mahnt ihn sein Hamburger Therapeut öfter, »denken Sie nur über Ihr unmittelbares Arbeitsfeld nach und schaffen Sie sich zu Hause eine harmonische Atmosphäre ...«

Eine harmonische Atmosphäre ... 1961 flog er wegen kommunistischer Umtriebe aus seinem Lehrbetrieb, er hatte den Wahlkampf der DFU mitorganisiert, die ganzen Schulferien hindurch Plakate geklebt und Wahlpropaganda eingetütet ... das alles für ein mageres Stimmenergebnis von 1,7%. ›Den Wählern fehlt hier noch das nötige Klassenbewußtsein!‹ war er damals überzeugt, und seine Sehnsucht galt nun erst recht dem Paradies im Osten. Ganze zwei Jahre noch mußten er und sein Freund Erwin warten, bis sie endlich 18 waren ... und damit nach DDR-Gesetz volljährig.

1963 sind sie rübergegangen, in die Deutsche Demokratische Republik. Dem Händeringen ihrer Eltern und den hämischen Kommentaren ihrer Freunde zum Trotz.

Als der Patient aus dem Wald tritt, hat er das Klinikgelände zu zwei Dritteln umrundet. Auf dem vor ihm liegenden Feld kreist eine Frau um einen Stapel quarzfarbener Plastiksäcke, unauffällig beäugt von den Patienten, die sich ordentlich auf den Wegen halten. Jeder hier in der Klinik trägt eine zermürbende Last mit sich herum; die meisten sind bemüht, ihren Zustand hinter einem freundlichen Gesicht zu verbergen.

D. scheint das heute nicht mehr zu gelingen, sein Gemüt hängt durch wie die Stromleitungen zwischen den Masten. Auf dem Rückweg durchs Foyer fletscht ihm wieder das Gebiß entgegen. Krenz hat er ausreichend kennengelernt, Ende der Sechziger in Rostock, als er selbst schon fest auf dem Karriereast der FDJ saß. Diese Blauhemdheiterkeit, der Hang zum Suff, die nicht endenden Phrasen ...

»Was kostet eigentlich ein Turniertanzkleid?« eröffnet Professor S., während er das Fenster schließt, die heutige Sitzung. Er will den in tiefer Traurigkeit verharrenden Hamburger ein wenig lockern und erinnert sich eben daran, daß D. ja nicht nur Beauftragter für Jugendfragen in Hamburg ist, sondern privat ein begnadeter Turniertänzer, der sogar schon Medaillen gewonnen hat.

So verkapselt, wie er gerade vor ihm hockt, kann man ihn sich nur schwer leichtfüßig und biegsam auf der Tanzfläche vorstellen. Doch der Therapeut kennt ihn auch anders. Er erinnert sich an weiche, formvollendete Bewegungen, die – den kleinen, athletischen

Körper im schwarzen Dreß – durchaus Walzer-Phantasien auf größerem Parkett zu wecken vermögen.

»Das … schon 'ne Menge«, überlegt Peter D. »Meine Tanzpartnerin, also was hat die gleich für ihr Kleid ausgegeben … so ungefähr 6000 Mark.«

»6000 Mark?« Die Überraschung des Therapeuten ist nicht gespielt. »Nicht schlecht für 'n Kleid. Das erzähl ich meiner Frau lieber nicht.«

»Männerkostüme kosten im allgemeinen aber weniger«, fügt D. mit freudloser Stimme hinzu. »Ich hab' mir eines für 1800,– DM anfertigen lassen, also nichts Tolles …«

»Na ja, immerhin«, der Professor wiegt seinen bäurischen Schädel und kramt aus dem Seitenfach des Schreibtischs D.s Patientenakte, in die er nie etwas schreibt, jedenfalls nicht in Gegenwart von D.

Den Hamburger hat er schon mehrmals hier gehabt. Er mag den Mann, seine Bescheidenheit und die Disziplin, mit der er den exakt auf ihn zugeschnittenen Therapieplan absolviert. Doch scheint er jedesmal, wenn er wieder auftaucht, ein Stück tiefer in die Schwermut gerutscht zu sein. Professor S. wird ihm am Ende der Therapie mitteilen, daß er um eine Trauma-Behandlung nicht mehr herumkommt.

»Ich vermute, es ist nicht der Tango, der Ihnen gerade im Kopf herumspukt …«

Sein Gegenüber schreckt auf: »Nein. Was? Nein, nein … Mir fiel gerade das Möbelhaus ein, das Möbelhaus Greif in Rostock … Ich mußte gerade an die Frau denken, die draußen in der Dunkelheit stand. Die Luft vorhin beim Spaziergang hat mich daran erinnert, es war genauso eine Luft wie heute, kalt und klar, und es roch schon irgendwie nach Winter. Nur, daß es draußen bereits dunkel war, aber das sagte ich ja schon …«

»Das macht nichts, erzählen Sie weiter.«

»Wir standen kurz vor 'm Feierabend ... Und da kam ein Kollege, als wir gerade die erste Fuhre für den nächsten Morgen zusammenstellten, also, da kam ein Kollege und sagte: ›Du, da draußen steht eine Frau, die will zu dir.‹«

Der Patient stockt; abrupt endet der Versuch, sich dem Klumpen in seinem Inneren zu nähern, dieses übliche Sich-heran-Hangeln über Nebensätze. Der Aggression des Waldläufers ist Antriebsschwäche gefolgt, und D. hat Mühe, die innere Aufgerissenheit in Worte zu fassen. ›Ich bin nicht hier, um mich auszuruhen, ich muß mitarbeiten!‹ suggeriert er sich, auf seinen Sitz gepreßt, ›von mir hängt der Erfolg der Therapie ab, nur von mir ...‹

»Da haben Sie an Ihre Freundin gedacht ...«, ermuntert der Therapeut ihn fortzufahren.

»Ja. Doch es war nicht Beate, es war eine Frau, die ich nicht kannte. Sie war ein wenig älter und sagte, sie hätte mit Beate in der Zelle gesessen. Ich hab ... später, als die Frau schon in Hamburg war, hat sie mir mal erzählt, daß man ihren Mann vor ihren Augen erschossen hat, an der rumänischen Grenze. Sie hat nur wenige Meter hinter ihm gestanden, das Kind auf dem Arm, als er vor ihr zusammensackte ...«

Erneut droht D.s Redefluß zu versiegen. Seine Gedanken springen im Zickzack und landen schließlich beim Rostocker Osterspaziergang. Ostern 1970, da durften seine Mutter und Schwester ihn das erste Mal im Osten besuchen, 1970 – da war er bereits fertig mit der DDR. Er schlug seiner Schwester einen Spaziergang vor, ohne die Mutter, die wollte er auf jeden Fall draußen halten. Mit seinem Freund Erwin war er sich vorher einig geworden, daß sie es jetzt angehen ... den politischen Irrtum zu einem zügigen Ende führen müssen, es reichte ihnen bis zum Anschlag. Auf dem Spaziergang, sie waren Richtung Warnow gelaufen und hatten sich heftig gegen den Westwind gestemmt, hatte er seine Schwester in die Fluchtabsichten eingeweiht.

Beate hatte da noch keine Rolle gespielt, zwischen ihnen hat es erst zwei Monate später gefunkt, auf der Zugfahrt nach Dresden, als sie im Rostocker FDJ-Pulk zum deutsch-sowjetischen Jugendfestival unterwegs waren – der Berufsrevolutionär und die 18jährige FDJ-Gruppenleiterin.

»Können Sie mich an Ihren Gedanken teilhaben lassen?« bringt sich Professor S. in Erinnerung.

»Ja, natürlich ...« D.s verlegener Blick schweift zum Fenster. »Wo war ich ...?«

»Lassen Sie raus, wonach Ihnen ist.«

»... Wonach mir ist, ja ... Also, ihr Vater war Betriebsleiter, die Mutter irgendeine Gewerkschaftsfunktionärin ... Ich hatte das Mädchen im Jahr zuvor kennengelernt. Sie machte Berufsausbildung mit Abi, und ich unterrichtete in der Klasse Marxismus-Leninismus ...« Sein Hanseaten-Slang will nicht so recht zu diesem Klassenkampfvokabular passen. »Ich war der für die Klasse zuständige Propagandist, sozusagen ...«

»Empfinden Sie noch Schuldgefühle gegenüber der jungen Frau?«

Der Therapeut trifft den wunden Punkt mit knappen Worten.

»Ja«, antwortet D. ohne Zögern. »Ich hab sie ja geliebt. Als sie schwanger wurde, hatte ich sie noch gar nicht in meine Fluchtpläne eingeweiht. Nur Erwin ... Erwin und ich wußten davon. Als sie mir sagte, daß sie schwanger ist, hat es mich richtig herumgerissen. Natürlich wollte ich nur mit ihr raus, aber ich fand es besser, sie so spät wie möglich einzuweihen, das war ja eine riskante Angelegenheit, das Ganze ... Also, ich hab ihr alles gebeichtet, in einem einzigen Gespräch, das mußte jetzt alles raus. Und ›Beichten‹, das hieß ja vor allem erst mal, mit meiner veränderten politischen Haltung herauszurücken, das Mädchen hielt mich ja noch für einen gläubigen FDJ-Funktionär. Das hat bei ihr erst mal einen Schock ausgelöst ...«

»Ja?« hält der Therapeut den Gesprächsfaden fest, bevor der sich wieder in die Innenwelt des Patienten verabschiedet.

»Ja.« In Peter D.s Kopf wirbeln die Handlungsstränge durcheinander. Steif sieht er sich wieder am Küchentisch sitzen, in seiner Rostocker Wohnung, sieht sich tolpatschig nach der Hand seiner Freundin fassen. »Sie hat dann gesagt, daß sie mitkommt, ganz spontan. Aber da war das mit der Schwangerschaft – meine Schwester in Hamburg hatte inzwischen ausgekundschaftet, über welches Land es sich am besten abhauen läßt und war auf Bulgarien gekommen, es kam ja nur ein sozialistisches Land in Frage. Also, Bulgarien stand an, und meine Schwester und ihr Freund hatten gesagt, daß sie etwa ein halbes Jahr brauchten, um gefälschte Pässe zu besorgen ... Wo war ich stehengeblieben?«

»Bei der plötzlichen Schwangerschaft«, bohrt der Professor.

Doch die Gedanken des Patienten sind schon wieder bei Egon Krenz gelandet, bei den Lügen im vertraulichen *Du*, den Haß- und Betonworten, dem rhythmischen Klatschen. Wieso hat er das alles so lange mitgemacht?

1969 wurde er zu einer Sonderschulung auf das Schloß Grambow bei Schwerin delegiert, zusammen mit etwa dreißig FDJ-Funktionären. Er war der einzige aus dem Westen, und Grambow war der absolute Knackpunkt für ihn: Zwischen referierenden Komsomolzen und SED-Funktionären hatte ein Armee-Oberst den Themenschwerpunkt auf Angriffskriege gelegt. Und die Kursanten mit der Frage warmgemacht, wer im »Fall eines Falles« den Angriff führen würde. Selbstverständlich hatten sie alle den Aggressor – also die NATO – als Angreifer ausgemacht. Und wurden nun vom Militär mit der Nachricht überrascht, daß das falsch sei, daß die Truppen des Warschauer Paktes angreifen würden! Sie waren verblüfft, doch die Logik des Militärs schien überzeugend: Durch *Kundschafter des Friedens*, wie die DDR ihre Spione nannte, hätte man ja bereits herausbekommen, daß der Aggressor einen Angriff beabsichtige – dem nun würde der Warschauer Pakt durch einen Präventivschlag zuvorkommen.

›Moment mal‹, hatte der 1969 bereits ein wenig vom Glauben abgefallene Hamburger gestutzt, ›das ist doch die Strategie der Imperialisten, mit der sie ihre Aggressionskriege zu rechtfertigen pflegen ...‹ Hitlers Überfall auf die Sowjetunion war ihm eingefallen. Ein Blick in die Runde hatte ihm allerdings gezeigt, daß er der einzige unter den Zuhörern war, dem diese Merkwürdigkeit aufstieß.

Doch das war nur der Einstieg, der Hammer kam wenig später: Nun spielte der Militär ein paar Szenarien durch, wie der Klassenfeind möglichst schon vor dem großen Überraschungsschlag auszuschalten sei. Bei einem sollten Fallschirmspringer unbemerkt im Hinterland des Feindes abgesetzt werden. Und die Frage an die Kursanten lautete nun: »Wie hat sich diese Eliteeinheit zu verhalten, falls da zufällig eine Schulklasse vorbeikommt und einen der Fallschirmspringer runterkommen sieht?«

Der Mecklenburger Funktionärsnachwuchs hatte zwischen Lösungen wie »schnell verschwinden« oder »sich geschickt verstecken« geschwankt. Und diesem weichlichen Herumtapsen hatte der Militär die »einzig richtige« Antwort entgegengesetzt, die da lautete: »Liquidieren – die gesamte Klasse!«

D. erinnert sich der Totenstille, die plötzlich über dem Schulungsraum lag.

»Liquidieren? Unschuldige Kinder, die zufällig da entlangliefen?«

Besonders die Mädchen hatten schockiert auf den Offizier gestarrt, eines stammelte: »Das kann man doch nicht machen ... da muß man doch einen Weg finden ...« Zaghaft hatte eine andere hinzugefügt: »Man könnte die Schüler und die Lehrerin doch einfach einsperren, damit sie nichts verraten.«

Natürlich hatte der Militär mit solchen Reaktionen gerechnet und den »durchaus unerfreulichen Vorgang« daraufhin ins große Ganze eingeordnet: »Auch wenn es hart ist – und ich habe ja selber Kinder –, auch wenn es hart ist –, die Klasse muß liquidiert werden, um das Ganze nicht zu gefährden! So schwer es jedem von uns fallen mag, aber Sie müssen das Verhältnis *Schulklasse – Bewahrung des Friedens* im Auge behalten. Und in diesem Verhältnis hat der Frieden nun mal den absoluten Vorrang. Oder etwa nicht?«

Dem naßforschen Ton des Oberst folgte ein dünnes Nicken ...

Die Kundschafter des Friedens ... D. bemerkt nicht, daß der Professor seit längerem auf die Fortsetzung der Fluchtgeschichte wartet.

Dieser Planspiel-Horror im Schloß Grambow, das war der absolute Wendepunkt. Sie hatte den Rostocker *Bezirkssekretär der FDJ für Agitation und Propaganda*, dessen Einsatzgebiet von der Insel Rügen bis zur Grenze kurz vor Lübeck reichte, in eine Zwitterexistenz geschleudert. Sein geistiger Umbruch hatte ja schon längst begonnen. Die Ereignisse in Prag ein Jahr zuvor hatten ihn aufgeschreckt und den Satz von Marx *Das Kriterium der Wahrheit ist die Praxis* in ihm manifestiert. Er hatte plötzlich begriffen, daß er die Wohnung noch so vollstopfen konnte mit schlauen Büchern, daß das immer nur Theorie bleiben würde. Prag 1968 aber – das war die Praxis. Später, als er längst zurück im Westen war, hat einer mal verblüffend nüchtern zu ihm gesagt: »Und um diesen Mist zu durchschauen, dazu hast du zwölf Jahre gebraucht ...«

»Man geht eben nicht abends als Kommunist ins Bett und steht am Morgen als Antikommunist wieder auf!« hatte er damals geantwortet.

Zwölf Jahre, so war es, genauso lange hat er gebraucht. Nach der Geschichte im Schloß begann sein Gewissen zu bohren. Es war ein schleichender Bruch, der sich über Monate zog. Und es war das Ende seiner prägendsten Begabung – mitreißend zu reden.

»... Bauch und Kopf stimmten einfach nicht mehr überein«, teilt Patient D. niedergeschlagen seinen Knien mit. »Das war wie eine Weichenstellung. Natürlich hätte ich die große Karriere aller Opportunisten machen können, ich hätte einfach nur so weiterreden müssen wie bisher, nicht mehr mit dem bisherigen Glanz, aber eben weiterreden. Den Bauch mißachten ...«

Die Temperatur wechselt, unter die Antriebslosigkeit des Patienten haben sich ein paar knallharte Aggressionen gemischt.

Hilfesuchend schaut er auf. Hinter dem Schreibtisch sitzt der Professor, den Kopf auf die Hand gestützt und hört ihm aufmerksam zu. Ciceros *cui dolet, meminit* kommt dem Therapeuten in den Sinn. Es hilft nichts, man muß das Leid in die Ordnung der Dinge einfügen, ihm einen Sinn abgewinnen und tatkräftig begegnen, um ihm seine Bitterkeit zu nehmen ... Goethe hat das in seiner *Iphigenie* noch präziser gefaßt: *Die Schmerzen sind's, die ich zu Hilfe rufe; denn es sind Freunde. Gutes raten sie.* Nur kurz schweifen seine Gedanken zur diesjährigen Goethe-Mammut-Gedächtnisschau, er findet, es wurde mal wieder zu dick aufgetragen und zu wenig gelesen.

»Von was für kaltblütigen und hirnlosen Idioten die DDR-Bürger sich 40 Jahre lang haben regieren lassen!« sinniert Peter D. Er will das Thema abschütteln, doch der Professor hakt nach:

»Wären Sie zur Staatssicherheit gegangen – damals, wenn man Sie angesprochen hätte?«

»Vermutlich ja«, sagt D. »So um die Jahre 1961, 62, 63 ... wenn sie mich da gefragt hätten ... in dieser Zeit hätte ich das vermutlich gemacht.« Über die Frage hat er schon oft nachgedacht, sie schmerzt ihn nicht. Er hätte es damals in dem Glauben getan, als *Kundschafter für die beste Sache der Welt* unterwegs zu sein. »Ich glaube, ich hätte es als Ehre angesehen, wenn sie mich damals, Anfang der 60er, gefragt hätten. Und wenn mir zu dieser Zeit einer gesagt hätte, daß die Kommunisten bereits einen Leichenberg von -zig Millionen Menschen hinterlassen haben – diesem Lügner hätte ich vermutlich eine runtergehaun! Damals!« Die Motorik des Patienten ist unruhig, die feingliedrigen Hände fuchteln durch die Luft.

Der Therapeut fokussiert das Flattern:

»Schämen Sie sich manchmal noch für Ihre Agitationsjahre? Oder – anders herum – gehen Ihnen die Jugendlicher mitunter durch den Kopf, denen Sie die große Lehre serviert haben – Lehre mit doppeltem ›e‹ oder ›eh‹. ganz, wie Sie wollen . . .«

»Ja, das belastet mich schon, ab und an«, gibt D. unumwunden zu. »Beate hat mir später mal erzählt, daß sich Jungs in ihrer Klasse für 10 Jahre zur Armee verpflichtet hätten, weil ich sie mit meinen Reden so mitgerissen habe, daß das ihren weiteren Lebensweg bestimmte . . . Ja, dafür schäme ich mich. Ich habe die Schüler immer aufgefordert, offen zu diskutieren – so, wie ich das aus dem Westen kannte. Und das war ehrlich gemeint, ich bin ja nirgendwo hingerannt, um zu melden, wer dies oder jenes gesagt hat . . .«

»Kommer wir noch mal auf Ihre Freundin zurück«, sagt der Therapeut. »Sie waren bei der Nachricht von ihrer Schwangerschaft stehengeblieben.«

Ruckartig schlägt der Patient die Beine übereinander, diese quälende Geschichte wird ihm den Tag nicht verschönern. ›ICH BIN ABER NICHT ZUR ERHOLUNG HIER!!‹ hämmert er sich ein.

»Ja . . . Beate hatte spontan zugesagt, und nun war sie plötzlich schwanger«, antwortet er tapfer. »Wir haben das durchgerechnet, sie wäre hochschwanger gewesen bei Fluchtantritt . . . Klar hatte ich Schuldgefühle, das hat mich hin- und hergeworfen, lange noch. Und sie hätte das Kind nie abtreiben lassen, ich meine, in einem anderen Fall . . . Man mußte ja damit rechnen, geschnappt zu werden, und dann wäre unser Kind zur Zwangsadoption freigegeben worden. Irgendwie mußte man ja damit rechnen, daß die Flucht scheitert . . .«

Dem Hamburger entgeht das Nicken des Therapeuten, weil sein Blick sich mittlerweile an der Ulme vor dem Fenster festgeheftet hat. Sein Körper schlägt

Alarm. Diese Geschichte hat er dem Professor schon ein paarmal erzählt im Lauf der Jahre, ihm und auch anderen Therapeuten. Doch jedesmal brechen da neue dunkle Winkel auf.

»Ich hatte ein total mieses Gefühl. Klar hatte ich das. Es war das erste Mal, daß eine Frau von mir schwanger war ...« Fester saugen sich seine Augen an den Zweigen fest, die linke Hand streift fahrig über sein tropfnasses Gesicht.

»Wo war ich ...? Ja. – Jetzt ging es also um drei Pässe. Mit meiner Schwester hatten wir von nun an häufige Treffen, sie reiste immer in Ostberlin ein, mit Wilfried, ihrem Freund. Und von Rostock her kamen wir – Erwin, Beate und ich. Wir haben uns am Alex getroffen, so unverfänglich wie möglich, an der Weltzeituhr. Dann sind wir zusammen mit dem Auto rausgefahren, in die Wuhlheide, wo wir sicher waren, daß uns niemand belauschen konnte. Dort haben wir auch die Fotos gemacht, für die Pässe. Das war ... etwa ... das war im April 71.«

Diesmal unterbricht ihn ein zaghaftes Türklopfen. Irritiert schaut er zu seinem Therapeuten, dessen Stirn nun eine scharfe Falte teilt. »Sprechen Sie weiter!« sagt der Professor unwillig, doch da geht bereits, fast lautlos, die Tür auf. Der Kopf von Marlies schiebt sich herein, einer Mitpatientin aus Ingolstadt, die als extrem selbstmordgefährdet gilt.

»Bin ich zu früh?« Die Patientin erschrickt, als sie Peter D. sitzen sieht. Professor S. hat seine Mimik wieder im Griff, um der Störenden sanft mitzuteilen, sie habe sich nur geringfügig in der Zeit vertan. Als er sich wieder dem Hamburger zuwendet, sitzt der zerknüllt auf seinem Stuhl und braucht eine erneute Aufforderung. ›Dünnhäutigkeit sehen wir nicht‹, fährt es dem Therapeuten angesichts des gegerbten Gesichtes durch den Kopf. ›Bei diesem drahtigen Hamburger würde man eher Härte vermuten als Melancholie.‹

»Wo war ich stehengeblieben ...«, überlegt Patient D. wieder.

»Beim Frühjahr 1971.« Professor S. schiebt seine Gestalt in eine Position, die seinem Gegenüber deutlich die Rückkehr zur Ruhe des Zuhörens anzeigt.

»Im April 71 wurde dann der genaue Fluchtplan festgelegt. Vorgesehen war, am 17. Juni von Schönefeld aus nach Sofia zu fliegen ...«

»Der 17. Juni? – War dieser Tag bewußt gewählt?«

»Nein, das war Zufall. Oder vielleicht auch nicht ... Also, geplant war, daß Beate, Erwin und ich nach Sofia fliegen und wir uns dort mit meiner Schwester und ihrem Freund treffen sollten, die uns die Pässe brachten.

Aber einen Monat vorher, also im Mai, flogen zwei Bekannte meiner Schwester von Hamburg nach Sofia, als Kurzurlauber getarnt. Die flogen aus dem einzigen Grund dorthin, um einen Einreisestempel in den Paß zu kriegen. Genauso ein Stempel wurde dann in Hamburg nachgefertigt, um ihn später in Sofia in unsere falschen Pässe zu drücken.

Das hatte alles noch prima geklappt, den Stempel hat ein Hamburger Graphiker gemacht, richtig professionell. Den schmuggelte meine Schwester dann am 17. Juni mit den Pässen in Bulgarien ein.

Unsere Flucht ist eigentlich ... wie soll ich sagen ... an der Schlafmützigkeit ihrer beiden Hamburger Bekannten gescheitert, also die zwei, die im Mai testweise vorgeflogen sind. Die haben nämlich vergessen, meiner Schwester mitzuteilen, daß es bei der Einreise von Westlern noch eine Zählkarte gibt, die bei der Abreise wieder eingesammelt wird. Die haben einfach verpennt, das meiner Schwester mitzuteilen. Denn in diesem Fall hätten wir ja das Ganze erst mal abblasen müssen, die gesamte Aktion. Und neu beraten müssen – verstehen Sie?

... So ein kleines Versäumnis – Westler können sich gar nicht vorstellen, was das heißt, so eine kleine Zählkarte zu vergessen –, das hat dann gleich fünf Leute hinter Gitter gebracht. Erwin, Beate und ich stiegen am 17. Juni in Berlin-Schönefeld in ein DDR-Flugzeug – aus Hamburg kamen am gleichen Tag meine Schwester und ihr Freund angeflogen. Meine Schwester – unsere falschen Pässe und den falschen Einreisestempel im Gepäck – hat bald einen Herzschlag gekriegt, als sie bei der Einreise plötzlich diese Zählkarten ausgehändigt bekamen ...«

D. schaut zum Professor, der verständnisvoll nickt.

»So ... wo war ich stehengeblieben? ... Also, wir fünf trafen uns auf dem Sofioter Flughafen und waren völlig von der Rolle wegen dieser Zählkarten. Wo hätten wir drei die bei der Ausreise nach Westen plötzlich herzaubern sollen? Aber das habe ich Ihnen doch schon alles erzählt?«

»Das spielt keine Rolle«, sagt der Therapeut, »reden Sie ruhig weiter.«

»Ruhig weiterreden ...«, wiederholt D., als ringe er um Aufschub.

»Von diesem Moment an war das Ganze nur noch eine kopflose Aktion. Wir fünf sind mit unserem Gepäck erst mal in ein Pinienwäldchen gezogen, das lag nur 200 m vom Flughafen entfernt ...«

Diese Amateurhaftigkeit hatte D. später in der Zelle immer wieder beschäftigt: Bei 30 Grad Hitze ziehen fünf Ausländer samt Gepäck in ein Wäldchen, das direkt in Sichtweite des Flughafens liegt.

Wieso gerade ihm so was unterlaufen konnte, der

er doch in Konspiration geschult war und den ganzen Ostblock längst durchschaut hatte.

In *Ulbrichts Wucherbude* hatten sich die drei Ostler modische Kleidung besorgt, die Markenzeichen rausgetrennt und statt dessen welche von Peek & Cloppenburg oder Karstadt reingenäht, was eben seine Schwester so mitgebracht hatte bei ihren Berlin-Besuchen. Nichts in ihren Koffern sollte auf ihre Herkunft hinweisen.

»... Wir fünf also, in dem Pinienwäldchen, völlig rat- und kopflos. Der Freund meiner Schwester sollte nun auf den Flughafen zurück, um zu erkunden, was passiert, wenn man seine Zählkarte verloren hat. Der ging also los, sagte noch ›Ich bin in fünf Minuten wieder da.‹ Der kam aber nicht wieder ...

Statt dessen sahen wir, wie ein Auto sich vom Flughafen langsam in unsere Richtung in Bewegung setzte, ein Auto mit Uniformierten – aufs Pinienwäldchen zu. Wir haben völlig die Nerven verloren und all unsere DDR-Papiere schnell meiner Schwester gegeben, sogar U- und S-Bahn-Fahrscheine. Die hat das dann später alles mühselig in der Toilette runtergespült. Und jeder hat seinen gefälschten West-Paß an sich genommen ...«

Später hat er das nie fassen können, es herrschte die totale Kopflosigkeit. Die West-Pässe zu verstecken, vielleicht zu vergraben, war ihnen in dem Moment, als das Auto heranrollte, nicht einmal in den Sinn gekommen. Sie haben völlig panisch reagiert, nach dem Motto *Augen zu und durch!* Sie hätten einfach als DDR-Bürger zurückfliegen müssen, nachdem das Malheur mit den Zählkarten dazwischen gekommen war.

»Nun kam also einer dieser Uniformierten zu uns ins Wäldchen und wollte unseren ›Passport‹ sehen.

Wir vier haben unsere West-Pässe gezückt, mit krebsroten Köpfen. Ja, nun wollte der aber auch noch die Zählkarten sehen, und da hatte nur meine Schwester eine.

Damit war die Sache eigentlich schon gelaufen: ›Bagage – Airport!‹ hieß nun der bulgarische Befehl ... Auf dem Flughafen sind sofort die mit und die ohne Zählkarte getrennt worden. Unsere gefälschten Pässe sind von den Bulgaren genauestens untersucht worden. Die waren aber gut gemacht, die Vorlagen illegal besorgt von der Hamburger Innenbehörde, der Freund meiner Schwester hatte da Beziehungen ...«

Der Kräfteverschleiß bei der Erinnerung an vor Jahrzehnten erlittene Qualen gleicht einer Arbeit im Schacht. Der Schacht, in dem Patient D. schuftet, liegt in seinem Inneren. Das Atmen fällt ihm schwer, er pumpt Luft, den Sakko des Professors fixierend ... Dieser Vernehmungsraum im Flughafen, das war die schwärzeste Stunde. Hier wurden auch die drei Ostler voneinander getrennt und einzeln verhört. Tapfer haben da noch alle drei ihre auswendig gelernten West-Biographien behauptet. Am Ende hat es nicht geholfen.

»In diesem Moment sind wir sogar noch einem anständigen Menschen begegnet, das hätte ich gar nicht mehr für möglich gehalten. Denn nun wurde die Stewardeß von der Interflug-Maschine geholt, mit der wir gerade mal vor zwei Stunden gelandet waren. Die sollte uns identifizieren. Das wäre für sie auch gar kein Problem gewesen, in der Maschine aus Schönefeld waren ja nur etwa dreißig Passagiere. Die Frau hat aber bei der Gegenüberstellung ... also, auf die Frage, ob sie den oder die wiedererkennt, hat sie immer nur den Kopf geschüttelt ...«

111

»Sehen Sie«, hakt Professor S. ein, »es gibt doch immer wieder ermutigende Momente. Und seien sie noch so gering, Sie sollten ...«

»Ja«, unterbricht der Patient gequält, »es hat aber nichts genutzt! Denn nun wurden die Passagierlisten der beiden bundesdeutschen Maschinen, die am Vormittag gelandet waren, durchgecheckt – und da standen wir drei natürlich nirgendwo drin. Der Ton wurde nun deutlich schärfer, schließlich wurde das gesamte Gepäck auseinandergenommen ... Mir schoß immer nur im Kopf herum, daß das nun das Ende ist, doch ich konnte nicht erfassen, was Ende bedeutet, ich stand völlig unter Schock. Das Vernehmungsprotokoll war auf kyrillisch, das habe ich zwar unterschrieben, aber es war kyrillisch, niemand von uns konnte kyrillische Schrift lesen. Na ja, darauf kam es auch nicht mehr an ...«

Einmal noch hatten sich alle gesehen – als sie in einem Barkas ins Gefängnis gebracht wurden. Seine Schwester und ihr Freund saßen hinter ihm. Er und Beate hielten ihre Finger ineinander verklammert, bis die Knöchel weiß wurden ... Es war entsetzlich – die fremden Straßen, durch die sie schweigend fuhren, eine Bullenhitze und überall Bilder von Georgi Dimitroff; verzweifelt hatte er immer nur ihre Finger gepreßt – warum nur hat er sie nicht umhüllen und in Sicherheit zaubern können ... Erwin hatte vor sich hingestarrt wie tot.

Patient D. wird von Haß- und Ohnmachtsgefühlen geschüttelt.

»Meine Schwester und ihr Freund sind gleich in Bulgarien abgeurteilt worden. Zwei Jahre pro Kopf, wegen *Staatsfeindlichen Menschenhandels* ... Die wurden nach vier Monaten von der Bundesrepublik freigekauft. Wir Ostler wurden nach drei Wochen in die

DDR zurückgeflogen, mit dem *Stasi-Liner*. Als wir ...«

»Was für ein Liner?« unterbricht der Therapeut.

»Stasi-Liner. Das war so eine Sondermaschine, die einmal im Monat die Hauptstädte der sozialistischen Länder abflog. Da wurden aus den Knästen alle eingesammelt, die irgendwo versucht hatten, aus dem *Paradies* zu fliehen – Jugoslawien, Rumänien, Bulgarien ... Als wir an Bord gebracht wurden, kam das Flugzeug gerade aus Bukarest, da saßen schon etwa zwanzig DDR-Bürger drin – jeder auf seinem Sitz mit Handschellen an einen Begleiter der Staatssicherheit gekettet ...«

»Das hab ich ja noch nie gehört«, staunt Professor S., bemüht, den Adrenalin-Spiegel des Patienten ein wenig nach unten zu fahren. »Von Autos und Zügen als Häftlingstransportmittel – das schon. Aber daß es auch spezielle Flugzeuge gab ...!«

»Die waren nicht speziell, eigentlich waren das ganz normale Flugzeuge. Die wurden wahrscheinlich ab und zu für diesen besonderen Zweck eingesetzt. Streng bewacht allerdings und jeder Gefangene an einen Aufseher gekettet ...«

Drei Wochen haben sie in der bulgarischen Haftanstalt gesessen, dann wurden sie in Handschellen zum Flughafen gebracht. Es war das letzte Mal, daß sie einander gesehen haben. Diese erste und letzte Begegnung nach den drei Wochen Haft in Sofia hat er nie aus dem Kopf gekriegt: Beate sah blaß und eingefallen aus. Erwin war so abgemagert, daß er seinen Hosenbund beim Gehen mit der freien Hand festhalten mußte. Bei diesem Bild schießen Patient D. dreißig Jahre später noch die Tränen in die Augen. Nein, darüber kann er heute nicht reden, heute schafft er das nicht ... dieses Bild, wie sie niedergeschlagen und angekettet im Kleinbus zum Flughafen saßen und einander, weil Sprechen verboten war, Blicke zuwarfen, die aufmunternd wirken sollten ... das gibt ihm den Rest. Er muß sich hinüberretten – nicht mehr in die Tiefe schauen, nur noch die oberste Schicht antippen.

»Wir sind dann in die DDR zurückgebracht worden. Aber wo genau wir landeten ... keine Ahnung. Im Flugzeug hatte man uns die Augen verbunden, vor dem Ausstieg. Wir wurden mit verbundenen Augen die Gangway hinuntergeführt und dann in einem Kleinbus in winzige Zellen gestopft ...«

Auch darüber kann er nicht mehr reden, nicht über diesen traumatischen Transport nach Rostock, als er glaubte, ersticken zu müssen. Unentwegt mußte er an Erwin denken, der 1,90 m groß war – wie hat der es überhaupt in diesem Verschlag aushalten können? Das jetzt nicht an sich heranlassen, nicht, daß sein schweigsamer Freund später niemals darüber sprach.

»In Rostock bin ich dann zu 7 Jahren Zuchthaus verurteilt worden, in einem Prozeß unter Ausschluß der Öffentlichkeit, aber das habe ich schon erzählt, glaube ich ...«

Nachdenklich wiegt der Therapeut den Kopf, die Patientenakte D. liegt noch immer ungeöffnet vor ihm.

»... Wegen Landesverrat und Republikflucht im erschwerten Fall. Mein Freund hat 6 Jahre gekriegt. Beate ist mit einem Jahr davongekommen, weil das Gericht davon ausging, daß sie von mir verführt worden ist. Glücklicherweise ...« Abrupt versiegt der Redefluß, der Hamburger sitzt wie versteinert. Dieses qualvolle Gespräch, es soll enden. Er hält es nicht mehr aus, erst recht nicht Erwins Schicksal.

»Was ist eigentlich aus Ihrem Freund geworden?« fragt der Therapeut, als könne er Gedanken lesen.

114

»Erwin ist tot«, sagt Peter D. still.

»Gestorben?«

»Nein. Er hat sich das Leben genommen, vor ein paar Jahren.«

»Ist nicht mehr auf die Beine gekommen ...«

»Nein.« Noch einmal gelingt es, den Patienten zu öffnen. »Er hat das alles nie verkraftet, nicht wirklich ... Erwin, den kannte ich ja schon aus der Sandkiste ...«

Erwin ... der hatte die DDR schon nach einem Jahr satt. Aus der Patientenakte weiß der Therapeut, daß er aus Treue zu seinem Freund D. blieb ... ganze elf Jahre, davon drei im Gefängnis, bevor die beiden freigekauft wurden. Er hatte im Rostocker Überseehafen gearbeitet, während D. sozialistische Karriere machte, und irgendwann haben sie ihn dort rausgeschmissen ... aber was war gleich der Anlaß?

»Warum ist Ihr Freund damals aus dem Überseehafen rausgeflogen?«

»Er hatte laut gesagt, daß Chruschtschow nicht abgelöst, sondern von Breschnew gestürzt worden sei«, antwortet der Patient tonlos. Er weiß, der Professor erwartet, er würde noch etwas hinzufügen, doch nichts wird er mehr hinzufügen, weil er am Ende seiner Kraft ist. Sein Oberkörper klemmt in einem Eisenring, und schwarze Bilder halten ihn in der Zange – die monatelange Einzelhaft ... Dunkelzelle, Holzpritsche, Blechkübel ... dieses unentwegte Öffnen des Türspions, wo er sich anonymen Augen ausgesetzt sieht ... das ständige Anknipsen des Lichts in der Nacht, Schlafentzug als Folter ... Noch heute leidet er unter Konzentrationsstörungen und Schlaflosigkeit.

Erwin nicht, Erwin leidet nicht mehr, weil er tot ist. Immer öfter beneidet Peter D. ihn darum.

Was haben die Vernehmer zu ihm gesagt: »Wir werden Ihnen ein Ding verpassen, daß Sie bis an Ihr Lebensende an uns denken ...« Genau das haben sie geschafft. Sie haben Macht über ihn, immer noch, sie können seinen Schalter nach Belieben umlegen, auf seiner Seele herumtrampeln.

Er denkt fast immer an sie, auch jetzt, wo ihn schwere Rachegedanken heimsuchen. Hätte er eine Kalaschnikow und sie säßen jetzt vor ihm, er würde draufhalten ohne zu zögern ...

Professor S. ist aufgestanden, um das Fenster zu öffnen, ein erstes Signal, daß der Patient es für heute geschafft hat. Doch der sieht ihn weder aufstehen noch sieht er die Saatkrähen von der Ulme flüchten, als die Fensterflügel krachen. Patient D. sieht sich plötzlich auf dem Lübecker Bahnhof ankommen. Als er mit Erwin aus dem Zug stieg, knallten ihnen Plakate der Jungsozialisten entgegen, die *Freiheit für das chilenische Volk!* forderten. Sie standen wie erstarrt. Natürlich waren auch sie für die Befreiung des chilenischen Volkes von der Pinochet-Diktatur ... doch war es nicht makaber, Freiheit für ein Volk zu fordern, das zehntausend Kilometer weit entfernt lebt, doch keinen Papierfetzen dafür zu opfern, um *Freiheit für die politischen Gefangenen der DDR* zu fordern – obwohl die DDR nur wenige Kilometer von Lübeck entfernt lag?

1975 waren sie heimgekehrt, die verirrten Schafe. Der Westen war inzwischen auf *Entspannungspolitik* umgeschwenkt, in Hamburg hieß die *Zone* jetzt *Deutsche Demokratische Republik* ... Die Bekannten aber, die damals wütend »Geh doch rüber, du rotes Schwein!« gerufen hatten, die erzählten ihm – dem freigekauften DDR-Häftling – nun aus ihrer hanseatischen Distanz: »Weißt du, das ist heute gar nicht mehr so schlimm in der DDR!!«

Nicht daran denken, an nichts mehr denken.

Nach der Therapie ist Peter D. tief erschöpft. Doch unter der schweißnassen Hülle rast sein Herz, er atmet schnell und abgerissen. Einige Minuten steht er bleiern in seinem Zimmer, dann läßt er sich aufs Bett fallen. Über ihm schlägt die Vergangenheit zusammen, er wird von einem Schluchzen fortgerissen, als habe sich eine Schleuse geöffnet. Wehrlos gibt er sich dem erlösenden Strom hin.

Als bereits die zweite Patientenschicht im Speisesaal am Mittagstisch sitzt, liegt er immer noch so, das Gesicht in einem nassen Kreis, der sich auf der Bettdecke ausgebreitet hat. Er fühlt sich leer. Mühsam dreht er irgendwann den Kopf zum Fenster – draußen sind Wolken aufgezogen, es ist düster wie in seinem Zimmer, in seiner Seele. Er hat keinen Hunger.

Doch es hilft nichts, er muß sich für den Nachmittag stabilisieren, am Nachmittag ist Gruppentherapie. Dort wird er im Kreis mit Menschen sitzen, denen es nicht viel anders geht als ihm – Marlies aus Ingolstadt, die Zwickauerin, die beiden ehemaligen Stasi-Spitzel ...

Wie ein 80jähriger hievt Peter D. seinen Körper schließlich in die Senkrechte. In zwei Wochen wird er die Klinik verlassen. Doch diesmal wird es wohl länger dauern, bis ihm die Metamorphose zum geschmeidigen Turniertänzer gelingt.

Sächsischer Ausflug

Punkt 6 Uhr 30 trifft Edith an der Abfahrtsstelle Hubertusplatz ein, wo zwei vom Morgentau benetzte Reisebusse warten. An den Ampeln staut sich der erste Berufsverkehr. Wo ist ihr Vater? Der hintere Bus scheidet aus – vor dessen Tür fuchtelt ein älterer Herr mit seinem Stock, damit der Fahrer öffnet. Der, auf dem Lenkrad fläzend, denkt gar nicht dran; träge nickt er zum vorderen Fahrzeug hin. ›Was kann man bei 14,90 DM schon anderes erwarten ...‹, denkt Edith, als sie dem Herrn beim Einstieg behilflich ist, ›... Sonderwünsche wohl nicht. Wie lautete doch das alte Motto? Sie werden plaziert!‹

Der vordere Bus ist bereits gut besetzt. Suchend schweift der Blick der Dresdnerin durch die Sitzreihen – zur Linken und Rechten überwiegend Senioren. Geschniegelt und gebügelt und artig wie eine Schulklasse sitzen sie bereits eine halbe Stunde vor Abfahrt auf ihren Plätzen. Ihr Vater ist nicht darunter. Dabei hatte er sie bereits Viertel vor fünf, sie lag noch im Tiefschlaf, aus dem Bett geklingelt, vor lauter Aufregung, sie könne es verschlafen.

›Macht der hinten nun irgendwann seine Türen auf oder nicht?‹ Sicherheitshalber besetzt sie im vorderen Bus einen der letzten freien Doppelplätze.

»Dort drüben, in der *Hube* ...« – der Herr auf dem Sitz links von ihr schiebt seinen Oberkörper in den Gang – »dort war es, dort sind die Russen eingefallen.«

»Die Russen?« Der Mann, der vor Edith sitzt, dreht sich ein wenig nach hinten. »Die sind doch schon lange weg!«

»Nee, das war doch kurz bevor die abziehen mußten. Wann war das, Mutti?« Die Frau am Fensterplatz raunt ihrem Mann etwas zu.

»Genau, 1992 war das, und einer aus unserer Skatrunde saß ausgerechnet an diesem Abend da drin, als die Russen reinstürmten. Ungefähr zehn Mann. Das war wie im Film, hat der erzählt. Abends gegen neun, da sind die rein, aber nich in Uniformen, sondern in Zivil . . .«

Seine Frau zieht ihn am Ärmel, der Mann dämpft ein wenig sein Organ.

»Also, dort drüben in die *Hube* rein . . . Und ihre Kalaschnikows hatten sie auch in der Kaserne gelassen, die kamen mit Baseballschlägern . . .«

»Wo sind die reingestürmt, durch die Hintertür?« Ediths Vordermann, ein Mittsechziger mit Hamsterbacken, dreht sich jetzt ganz nach hinten.

»Nee, richtig zur Vordertür rein. Die haben die Gäste in Schach gehalten. Mein Skatbruder hat erzählt, die saßen alle wie gelähmt. Die Leute haben am Anfang gedacht, ein Film wird gedreht . . .«

»Das is 'n dicker Hund!« sagt der Mann mit den Hamsterbacken.

Kurz schaut auch Edith zum Eckhaus hinüber, vor dem ein paar Stufen in den *Hubertushof* führen, der im Volksmund nur die *Hube* heißt. Dunkel erinnert sie sich an den Überfall; das hatte mal irgendwann in der *Dresdner Morgenpost* gestanden, mit einem Foto vom Tresen und dem Wirt dahinter. Sie erinnert sich auch, daß das den Russen damals niemand so richtig verübeln konnte, weil die ja zurück in ihre Heimat mußten und keiner wußte, wo man ihn dort hinstecken wird. Wo bleibt ihr Vater? Unruhig schaut sie auf die Uhr.

»Wo war denn der Wirt?« fragt ihr Vordermann.

»Der Wirt? Der war grad hinten, jedenfalls stand er nicht am Tresen.

Also, ein paar sind gleich in die Küche gestürmt, die anderen haben die Gäste in Schach gehalten. Und einer hat sich im Haus postiert.«

Erneut zieht die Frau ihren Mann am Ärmel. »Is ja gut, Mutti«, sagt er und drosselt erneut die Stimme.

»In der Küche ham sie die Geldkassette mitgehen lassen und die Armbanduhr des Kochs. Und ein paar Autoschlüssel, die dort am Schneidebrett lagen ...«

»Und die Gäste, mußten die auch ihre Uhren abliefern?«

Die beiden Männer lassen ein in den Bus geklettertes Rentnerpärchen passieren.

»Nee, die Gäste hamse völlig verschont, nicht mal ihre Portemonnaies mußten die rausrücken. Bloß die Geldkassette hamse eingesackt. Und im Lager die Zigarettenstangen. Die Lagertür wurde gleich eingetreten, weil ihnen das mit dem Schlüsselsuchen zu lange dauerte ...«, dröhnt Ediths linker Nachbar wieder in alter Lautstärke.

Allmählich wird sie nervös.

»Das Bier hamse natürlich ausgesoffen. Aber das Schönste kommt ja noch: Als die das Lager ausräumten, konnte der Wirt unauffällig den Alarmknopf für die private Sicherheitstruppe drücken, die er angemietet hatte. Die erschien aber nicht, das heißt, die kam erst nach zwanzig Minuten! Da waren die Russen längst über alle Berge. Die haben sich Zeit gelassen, als handele es sich um einen Scherz ...«

»Sicher noch alte Stasi-Leute ...«

»Keine Ahnung. Jedenfalls ... wo war ich stehngeblieben? Ach so, ja ...

Also, die Polizei hat die Russen dann geschnappt. Und mein Skatbruder hat erzählt, daß später noch zwei russische Offiziere zum Wirt gekommen sind und sich entschuldigt haben für den Vorfall. Also, die Gäste sind nach dem Überfall erst mal gar nicht nach Hause gegangen, die haben sich einen Kräftigen eingeschenkt. Denen klopfte ja noch das Herz bis zum Hals ...«

»Und hat der Wirt den Schaden von der Versicherung wiedergekriegt?« fragt der Mann mit den Hamsterbacken.

»Den Schaden? Ersetzt gekriegt? Ja, ja, der hat das alles ersetzt gekriegt.«

Als die Zeiger ihrer Uhr hart auf die Abfahrtszeit zurücken, deponiert Edith kurzerhand Windjacke und Handtasche auf dem Doppelsitz und steigt aus. Inzwischen hat auch das hintere Fahrzeug seine Tür geöffnet, doch auch dort ist von ihrem Vater keine Spur.

Sie fragt sich, ob es nicht besser wäre, ihre Sachen erst mal rauszuholen.

»Entschuldigung!« wendet sie sich schließlich an den Fahrer des vorderen Busses. »Mein Vater ist noch nicht da. Was machen wir denn, wenn der nicht kommt?«

»Na, wenn der nich kommt, dann fahrn wir ab«, sagt der Fahrer bräsig.

»Aber machen Se sich mal keene Sorgen«, schiebt er ein wenig freundlicher nach, »Rentner verschlafen's nich.«

›Nee, verschlafen hat der's nicht‹, denkt Edith, ›schließlich hat er mich schon vor zwei Stunden geweckt. Doch wenn ihm was passiert ist? Er könnte ja vor Aufregung die Treppe runtergestürzt sein, immerhin ist er vierundachtzig ...‹

Einen Fuß auf der Stufe, als wolle sie ein vorzeitiges Türschließen verhindern, bleibt sie am Buseingang stehen. Das geht ja gut los! Nur ausnahmsweise hatte sie sich breitschlagen lassen, ihren Vater auf dieser Werbefahrt zu begleiten, das nächste Mal kann sich ihr Bruder opfern oder eines der Kinder ...

Unschlüssig schaut sie zur Ecke, um die ihr Vater spätestens jetzt biegen müßte – um die Ecke biegt alles mögliche, nur nicht ihr Vater! Der alte Herr ist einsam seit dem Tod der Mutter. Natürlich kümmert sich die Familie um ihn, sie selbst schaut, seit sie Vorruheständlerin ist, fast täglich bei ihm vorbei, um ihm das Mittagessen zu kochen. Doch muß er sie ausgerechnet zu so was mitschleppen? Und dann auch noch wegbleiben?

Eine stark gehbehinderte Frau fährt mit dem Taxi vor; ein Ehepaar, einander an den Händen haltend wie Hänsel und Gretel, eilt auf den zweiten Bus zu.

Noch immer wechselt Edith ihren Standort zwischen Einstieg und Bordstein, als scharf ein VW Golf vor dem Bus bremst. Der Wohnungsnachbar des Vaters springt heraus und flitzt, dem Fahrer ein kurzes ›Stopp‹ zuwinkend, zur Beifahrertür, um ein dünnes Männlein vom Sitz zu heben. Lachend stellt er ihren Vater auf die Beine.

»Määnsch, wo bleibst du denn?« ruft sie in einem Tonfall, der einem verspäteten Kind gelten könnte. Der Vater schnappt nach Luft.

Kaum, daß sie ihn mit Hilfe des Nachbarn die Busstufen hinaufgehievt hat, rastet die hydraulische Tür ein.

»Na also«, schmunzelt der Busfahrer, »ich hab doch gesagt, der kommt.«

Er wartet noch, bis das aufgeregte Pärchen die Plätze eingenommen hat, dann läßt er den Motor an. Dankend winkt Edith dem Wohnungsnachbarn ihres Vaters zu.

Der Skatbruder zur Linken hat seine Russengeschichte beendet; gemütlich zurückgelehnt, die Hände über dem gewölbten Bauch gefaltet, beobachtet er, wie der hintere Bus sich nun an die Spitze rangiert.

»Also, was ist denn passiert?« fragt Edith, nachdem sich die Fahrzeuge endlich in Bewegung gesetzt haben.

»Ich bin ...«, keucht der Vater, von Busaufstieg und Aufregung außer Atem, »... eine Stunde zu früh da gewesen ...« Er wirkt völlig aufgelöst.

»Wie denn das? Du hast mich doch extra angerufen ... Na komm, jetzt beruhige dich erst mal.«

Der alte Herr kommt erst zur Ruhe, nachdem er sich die ganze morgendliche Odyssee von der Seele geredet hat. Während die Fahrer ihre Busse durch die engen Gassen von Pieschen manövrieren, erfährt die Tochter in Einzelheiten, wie er sich um eine Stunde verrechnet hatte und bereits um fünfuhrdreißig am Hubertusplatz war.

»Ach du liebes bißchen«, sagt sie. »Und dann?«

»Dann stand da kein Bus. Und es kam auch keiner. Und niemand wartete, außer mir ...«, japst der Vater. »Da ist mir der Irrtum irgendwann aufgefallen, und ich bin wieder nach Hause gegangen. Nu ja, und dann ... dann hab ich irgendwie die Zeit verpaßt. Herr Meinel ist wirklich nett, der hat mich schnell noch hergebracht, der wollte gerade zur Arbeit ...«

Edith verdreht die Augen und hofft, eine solche Tattrigkeit möge sie im Alter nicht auch ereilen.

Die kleine Kolonne steuert noch zwei Haltepunkte an, dabei füllt sich auch das zweite Fahrzeug. Sie durchqueren längst Radebeul, als ihr Vater noch immer mit sich hadert, daß ihm so was passieren konnte.

Doch als der Talkessel von Dresden sich verengt, gibt auch er sich dem herrlichen Ausblick hin. Denn nun breitet die Lößnitz ihre Weinhänge aus. Die Fahrt geht am rechten Elbufer entlang, auf einer Straße, die sich seit Jahrzehnten nach Weinböhla schlängelt und die mittlerweile Sächsische Weinstraße heißt. Die meisten der Businsassen kennen diese Strecke aus dem Effeff, manche zu sämtlichen Tages- und Jahreszeiten. Das hindert sie keineswegs daran, an jeder Biegung in kleine Entzückensschreie auszubrechen. Das Panorama ist tatsächlich prächtig, zumal an diesem Junitag, für den der Regionalsender feines Ausflugswetter angekündigt hat. Zwischen den terrassenförmig angelegten Hängen zieht Wackerbarth heran, ein Barockschlößchen, das die Morgensonne in warmes Toscana-Gelb taucht.

Nachdem die linke Busseite statt der Weinhänge die Plattenbauten von Coswig vor Augen hatte, wird sie nun mit der am anderen Elbufer auftauchenden Silhouette von Meißen verwöhnt.

»Mutti, guck mal, Meißen!« ruft der Skatbruder seiner Frau in einer Lautstärke zu, welche die Köpfe der Busnachbarn gleich mit herumschwenken läßt. Die Luft ist klar, und hoch über dem Fluß ragen Albrechtsburg und Dom in den Himmel. Staunend und aufgeregt teilt man einander mit, was alle sehen. Und endlich gibt der Blick auch die Windungen der Elbe frei. Anmutig schlängelt sich der Fluß durch die im Morgendunst liegenden Wiesen, unter Burgtürmen und Fachwerkhäusern entlang. Hinter der Brücke, an der Anlegestelle, füllt sich der erste Ausflugsdampfer, um Touristen in die Gegenrichtung zu schaufeln, nach Dresden.

Edith liebt diesen Fluß. Mit der Elbe ist sie aufgewachsen – mit den Ruderern, die lautlos durch die Brücken gleiten, dem *Blauen Wunder*, den Schaufelraddampfern, aus deren Kasten die Gischt spritzt und mit denen man noch heute von Meißen bis in die Sächsische Schweiz schippern kann.

Die 14,90 DM für diese Werbefahrt, findet sie nun, lohnen sich allein schon für diesen Anblick.

»Edith, schau mal, das hier oben ist alles Granitgestein.« Fachmännisch klopft ihr Vater gegen die Busscheibe, als sie wenig später Diesbar-Seußlitz erreichen. Edith nickt. Die sanften Hügel laufen allmählich aus und gehen ins Elbetiefland über. Die Busse passieren Riesa, dessen Stadtbild von Industrieschloten dominiert wird. Dann legen die Fahrer eine Pause ein.

Kaum sind die beiden Busse zum Stehen gekommen, schiebt sich auf Augenhöhe Ediths ein Busen von schlesischer Opulenz vorbei, verpackt in eine gewagte Tigerbluse. Seine Besitzerin stürzt ins Freie, gierig in ihrer Handtasche nach der Zigarettenschachtel kramend. Gemächlich beginnen die Busfahrer mit dem Einsammeln des Fahrgeldes.

»Laß mal stecken«, sagt der Vater, »ich bezahl das, ich hab dich doch eingeladen.« Er kramt einen Fünfzigmarkschein aus seinem Portemonnaie. »Und außerdem ist heute Schnäppchentag ... statt der 19,90 DM bezahlen wir nur 14,90 DM.«

»Sind deshalb so viele mitgekommen?« fragt Edith.

»Aber nein, das sind immer so viele.« Der Vater sieht sich als Verkaufsfahrt-Profi und hat bereits mehrere Personen ausgemacht, die er von anderen Touren kennt. »Bitte zweimal – für meine Tochter und mich!«

»Na, das ham wir ja heute gerade noch geschafft«, flachst der Busfahrer, während er Wechselgeld und Fahrscheine zusammensucht. »Bitte – zweimal der Herr …« Edith hofft, daß der Vater nicht wieder mit seiner Verspätungsgeschichte anfängt.

»Sag mal, bist du sicher, daß den unsere Familienverhältnisse interessieren?« flüstert sie, als der Fahrer die Reihe hinter ihnen abkassiert.

»Moment mal«, erwidert ihr alter Herr, »der denkt doch sonst, ich bin hier mit meiner Freundin unterwegs.«

Edith lacht auf, in einer Lautstärke, daß die Frau des Skatbruders, der sich draußen dem Rauchergrüppchen zugesellt hat, erschrocken herüberschaut. »Mensch, Vati, mit vierundachtzig – meinst du, da traut dir jemand so was noch zu?« Die Miene ihres Erzeugers schwankt zwischen Realitätssinn und Beleidigtsein. »Außerdem – schämen müßtest du dich ja nicht für mich!« Hier erntet Edith spontane Zustimmung. Von den breiten Hüften abgesehen, mit denen alle Frauen ihrer Familie gesegnet sind, sieht die Mittfünfzigerin noch ganz passabel aus. Und im Vergleich zur hier vorherrschenden Altersstufe könnte sie fast noch als Jugendliche durchgehen. »Da draußen … die Dralle mit der Tigerbluse – wäre das nicht was für dich?« stichelt sie.

Die Augen des Vaters ziehen sich spähend zusammen und bleiben schließlich an der Tigerbluse hängen. Ein kindliches Strahlen überzieht sein Gesicht.

»Na ja, die raucht aber«, er wendet sich ertappt ab und seinem Prospekt zu, um die Vorzüge dieser Verkaufsfahrt zu studieren.

Edith studiert mit: ›... Romantischer Juni-Ausflug mit Haxen-Essen! ... Achtung, Ihr Abfahrtstermin! ...‹ Dick sind die 19,90 DM darunter durchgestrichen, statt dessen prangen signalrote ›14,90 DM‹ aus der Bildmitte, garniert von der Mahnung ›Ein Tag, der sich lohnt!‹

»Gutschein für ein Gratisgeschenk!« liest sie laut. »Weißt du, was mich am brennendsten interessiert? Wo hier der Trick des Ganzen liegt.«

»Was denn für ein Trick?« Der Vater nimmt eine sanfte Protesthaltung ein.

»Du willst mir doch nicht erzählen, daß es das hier alles für 14,90 DM gibt! Soviel hab' ich nun inzwischen gelernt, daß keine Firma etwas macht, ohne daß für sie ein Geschäft dabei rausspringt.«

Die beiden Fahrer klatschen zum Einsteigen. Wieder schiebt sich die Tigerbluse an Edith vorbei, nun in die Gegenrichtung. Der Skatbruder läßt sich neben seine Frau plumpsen.

Der zweite Teil der Fahrstrecke, das Flachland vor Torgau, ist nicht ganz so romantisch. Getreidefelder reihen sich an Obstplantagen, und die Ansiedlungen, die nun in größer werdenden Abständen an ihnen vorüberziehen, wirken weniger anheimelnd als die Weindörfer um Meißen.

Ein paarmal taucht am Horizont noch die Elbe auf, nun in einem sandigeren Flußbett, ein fernes, glänzendes Band, in dessen Windungen ab und zu ein Lastkahn sichtbar wird, die Verbindung zwischen Nordsee und Riesengebirge haltend.

»Ach du lieber Gott«, ruft Edith entgeistert, als nach längerem Fahren auf schnurgerader Landstraße eine Kurve in Sicht kommt. »Wie viele sind denn hier gegengefahren? Guck mal!« Wie schiefe Zähne ragen die Leitplanken aus der Biegung.

»Wo soll ich hingucken?« fragt der Vater, nachdem die Kurve längst passiert ist.

»Schon gut, Vati.« Edith lächelt nachsichtig.

Nach etwa zwei Stunden gemütlicher Fahrt, sie haben soeben Torgau hinter sich gelassen, erreichen sie das auf dem Prospekt angekündigte Reiseziel, das kleine Städtchen Dommitzsch.

Neugierig beugt sich Edith zum Fenster – eine niedliche Kirche, ein idyllischer Marktplatz mit regem Treiben zwischen den Buden. Sie kann gerade noch einen Blick in eine gekrümmte Gasse mit Kopfsteinpflaster erhaschen, dann rauscht der Bus am Ortsausgangsschild vorbei.

»Moment mal.« Verdutzt schaut sie zu ihrem Vater. »Hast du das gesehn? Da stand doch Dommitzsch drauf. Gib mir mal den Prospekt!«

Während die Fahrzeuge an einem von Silberpappeln begrenzten Feld nach rechts abbiegen, überfliegt sie noch mal das Werbeblatt: »Frühsommerliche Impressionen ... traumhafte Romantikfahrt ... Dommitzsch!« Sie klopft auf den Prospekt. »Hier steht es – Dommitzsch!«

Irritiert schaut sie zur Nachbarbank und den Fahrgästen dahinter – niemand außer ihr scheint Anstoß am abweichenden Reiseziel zu nehmen.

Noch etwa fünf Kilometer geht es quer durch die Botanik, durch leuchtende Rapsfelder und Viehkoppeln. Nach einem Wäldchen drosseln die Busse plötzlich ihr Tempo, holen zum großen Bogen aus und kommen zwischen einem Gasthof und drei, vier verlassenen Häuschen zum Stehen.

»So, meine Herrschaften, da wären wir!« ruft der Busfahrer, dehnt sein Kreuz und bedient den Türöffner.

In die vom Sitzen steif gewordene Ausflugsschar kommt Bewegung. Die Flotten zwängen sich zuerst durch den Gang, gefolgt von den halbwegs Mobilen und ein paar leicht Gehbehinderten. Der Rest harrt geduldig auf den Plätzen aus, um ohne Drängelei auszusteigen.

Da Edith sich mit ihrem Vater dem letzten Drittel zuordnet, bleibt Zeit für einen Blick nach draußen. Das Tempo der Völkerwanderung verwundert – alles hastet, eilt und humpelt zum Eingang des Gasthofs, ohne auch nur einen Blick nach rechts oder links zu verschwenden.

Einzig die Raucher scheinen erst mal am Ziel ihrer Wünsche.

»Was rennen die Leute denn so«, fragt sie den Profi, »gibt's da drin nicht genügend Sitzplätze?«

»Wieso? Doch, doch. Aber es wollen ja alle möglichst dicht an der Bühne sitzen, weil man dort am besten sehen kann.« Die Stimme des Vaters klingt wie die eines Verlierers.

›Sich beeilen, nicht zu kurz kommen‹, erinnert sie sich, ›die alten Symptome der Mangelgesellschaft. Je poröser die Knochen, desto tiefer steckt das drin . . .‹

Als eine der letzten verläßt sie mit ihrem Vater den Bus. Im Gasthof werden sie eine Steintreppe hinaufgewinkt.

Der Tanzsaal im ersten Stock versprüht noch immer den Charme der DDR: Großgemusterte, ein wenig vergilbte Tapeten, großblumig auch die Malimo-Vorhänge an wandhohen Fenstern. Die Lampen stammen aus den Siebzigern, die Stühle an vier langen Tafeln sind zwar zusammengewürfelt, doch konsequent im vertrauten Design gehalten. Die Stirnseite des Saales nimmt eine Bühne ein, auf die soeben zwei Männer einen Fernsehsessel wuchten. Eine schwarze Brandmauer glotzt Edith an.

Für das Geschehen auf der Bühne interessiert sich derzeit niemand. Eine Hundertschaft sächsischer Pilger ist damit beschäftigt, den ergatterten Stuhl zurechtzurücken, Handtaschen abzulegen, aufs Klo zu gehen. Ein einziges Scharren, Rangieren und Winken, bevor man an den längs zur Bühne stehenden, mit weißem Papier abgedeckten Tafeln endlich zum Sitzen kommt.

Edith und ihr Vater finden nur noch Platz am Tischende. Ihnen gegenüber hat ein Mittfünfziger gerade einer sehr alten Dame den Stuhl unter den Hintern geschoben; freundlich begrüßt man einander.

Noch halb im Durcheinander werden aus der Küche Aluminiumplatten hereingetragen, beladen mit riesigen Semmelbergen. Allmählich kehrt Ruhe ein, die Kaffeebestellung beginnt.

»Das sieht ja gut aus«, schwärmt Ediths Vater, und da gibt es nichts zu widersprechen. Aus den Semmeln quillt reichlich gute Butter, sie sehen knackig aus, sind dick belegt mit Käse und Wurst. Alles ist nett garniert und dankbar quittieren die Kellnerinnen das lobende Raunen, als sie die ersten Platten abstellen.

Klar gibt es die Semmeln nicht umsonst und auch den Kaffee nicht, beides stand ja nicht als Morgengabe auf dem Werbeblatt. Doch niemand meckert – wieso auch? Schließlich muß man sein Auswärtsfrühstück auch woanders bezahlen, und 1,50 DM pro Semmel ist nun wirklich keine Ausbeuterei. Alles, auch das Personal, schaut glücklich drein – in diesem abgelegenen Nest hätte der Gasthof keine Überlebenschance, würde nicht ab und zu ein Gäste-Troß herangekarrt.

Inzwischen reiht auf der Bühne eine dezent gekleidete Frau mit braunem Pagenkopf Puppen und Teddys im Stil des 19. Jahrhunderts auf.

Die ersten Sonnenstrahlen schieben sich in den Saal, Gemütlichkeit kommt auf. Im sächsischen Ausflugskollektiv wird erst mal gefrühstückt.

Die große Verkaufsschau startet ein halbes Stündchen später. Und sie beginnt mit der Begrüßung durch einen gutaussehenden Mittdreißiger, den ein mächtiges Kinn ziert und eine Bauchwölbung, die nicht so recht zu seiner Kinnlade passen will. Die beiden ihn einrahmenden Personen – ein jüngerer Mann und die Frau mit dem Pagenkopf – begnügen sich mit einem Lächeln und einer leichten Verbeugung.

Gespielt kokett stellt sich der Mittdreißiger als *Verkäufer* vor, ein Begriff, der noch weniger zum Kinn paßt als der Bauch. Auf Edith wirkt er wie ein auf Verdi spezialisierter Bariton, der abends gern lange in der Kantine hockt. Doch muß sie zugeben, daß der Mann frisch und sympathisch agiert und sogar über eine Portion ihres eigenen, trockenen Humors verfügt.

Unauffällig schweift ihr Blick über die Tischnachbarn.

Auch bei den anderen kommt er an, geradezu problemlos vermag er, die Brücke zur sächsischen Gemütlichkeit zu schlagen. Die Augen unter meist schütterem Haar und Dauerwellen, die statt des früheren Einheitsgraus nun schon mal einen kupfernen oder jenen violetten Farbton riskieren, den Edith stets das Margot-Honecker-Lila nennt, sind gebannt auf den Zampano gerichtet. Der plaudert locker über seine hessische Firma, dann noch mal über sich und die Gründe, die ihn bewogen haben, den Außenverkauf zu übernehmen.

Nach seiner eigenen Person stellt er die Braunhaarige als seine Frau und den jungen Mann als Assistenten vor, dann wird die Kaffeefahrtgemeinde über den Verlauf des weiteren Tages informiert. Und während Frau und Assistent die Bühne verlassen, um Zettel und Stifte zu verteilen, beginnt das Anpreisen der Ware, die diesmal zum Verkauf steht – alles in Superlativen, alles »... ein Muß ... zu soliden Preisen«. Neben den niedlichen Puppen macht Edith auch gut drapierte Ladenhüter aus – im Zentrum der schwarze Fernsehsessel, eine Vorsatzlinse für Televisionsgeräte und eine mächtige Friteuse. An den Tafeln recken sich die Hälse. Das ganze Warensortiment ist ausgerichtet auf die Seniorengeneration.

»Ist das seine Frau?« flüstert ihr Vater, als der braune Pagenkopf in sein Blickfeld gerät.

Edith verdreht die Augen. »Hast du nicht zugehört?« raunzt sie zurück. »Der hat sie doch gerade vorgestellt!« Der Vater schaut hilflos und wendet sich wieder dem Bühnengeschehen zu, wo unter den beifälligen Kommentaren derer, die unter Sehstörungen leiden, nun das Wirken der Vorsatzlinse demonstriert wird.

Fein hat sich ihr Vater für den heutigen Tag gemacht. Er trägt seinen gelben Pullover mit V-Ausschnitt – so einen, wie Genscher immer trug, nur ein paar Nummern kleiner. Genscher ist noch immer sein Lieblingspolitiker: Er kommt aus dem Osten, außerdem hatte er stets einen klaren Ton am Leib; den *SED-Verbrechern* jedenfalls, wie ihr Vater die vergangenen

Machthaber noch immer nennt, ist er nicht so um den Bart herumgeschnurrt wie andere West-Politiker.

»Und hier, meine Damen und Herren, habe ich etwas ganz Besonderes für Sie – quasi ein Klassiker unserer Firma!« Der Bariton hält ein cremefarbenes Reiseplaid in die Luft, das auf den Namen *Herbstzeitlose* hört. Er preist den flauschigen Stoff, wirft ihn dann wie ein Torero über die Schultern, um ihn anschließend mit einem Marlene-Dietrich-Blick elegant ans linke Bein zu schmiegen. Das Publikum ist hingerissen.

›Klapprig sieht er aus‹, findet Edith mit einem erneuten Seitenblick auf die Gestalt neben sich, jenes mit halboffenem Mund und feierlich gefalteten Händen lauschende Männlein, das ihr Vater ist und das ihr in der Kindheit öfter mal eine gescheuert hat. ›Wie ein gelbes Äffchen sitzt er da. Und friert in letzter Zeit immer häufiger, nun auch schon im Sommer ...‹

Während sich der braune Pagenkopf mit Stiften und Zettelkasten auf ihre Höhe vorarbeitet, fragt sie sich, ob sie ihm nicht ein Reiseplaid kaufen sollte. Und grübelt schon wenige Momente später darüber, ob das soeben ein Zufall war, daß ihr das Frieren genau in dem Moment einfiel, als der da vorn das Plaid hochgehalten hat ... oder ob genau das der psychologische Trick ist, das Bedürfnis erst mit der sinnlichen Wahrnehmung des Produktes zu wecken.

Sie hat noch keine endgültige Antwort gefunden, als schon ein Blatt Papier mit Kugelschreiber vor ihr liegt, ein A4-Blatt mit Numerierungen und übersichtlichen Spalten. Die Firma bittet, sich mit Namen und Adresse einzutragen. Brav beugt sich die ganze Kaufgemeinde über die Blätter. Und wie die Leutchen so voneinander abgucken, um ihre Adresse nicht an die falsche Stelle zu schreiben, fällt ihr wieder der Einstieg in den Bus am Morgen ein – das ganze hat etwas vom Ausflug einer gealterten Schulklasse.

»Willst du dich nicht eintragen?« fragt der Vater, der ebenfalls eifrig schreibt.

»Bist du verrückt? Ich will doch meinen Briefkasten nicht mit Werbemüll zustopfen lassen!«

»Wenn du die Adresse nicht reinschreibst, dann kriegst du kein Gratisgeschenk. Nur wer seine Adresse eingetragen hat, kriegt eins.«

»Na und?« sagt Edith trotzig. »Ich will überhaupt kein Gratisgeschenk – ich bin deine Begleitung für heute, mehr nicht.«

Der Vater heftet den Blick auf sein Blatt.

Auch eine Stunde später noch wird artig notiert, wandern die Blicke im Saal zwischen dem eigenen Zettel und der Bühne hin und her, auf der nun Produkt für Produkt hochgehalten und in all seinen Vorzügen gepriesen wird. Einzig die Tigerbluse, die sich wohlweislich einen Platz in Türnähe gesucht hat, schleicht auf Zehenspitzen hinaus, bewaffnet mit Feuerzeug und Schachtel.

Noch langweilt sich Edith nicht. Sie beobachtet ihre Umgebung, die bei jedem Produkt eifrig registriert, wie es heißt und was es kostet. Der Mann ihr gegenüber und die alte Dame schreiben gleich alles doppelt auf. Ob das Mutter und Sohn sind? Er wirkt geistig leicht behindert und hat Mühe mitzukommen, aufgeregt wandert sein Blick vom Geschehen auf der Bühne zum Zettel seiner Mutter und von dort zu seinem eigenen Blatt.

Mit kleinen Witzen und oft ins Tremolo gesetzter Schwärmerei hält der Zampano die Seelen des sächsischen Völkchens in der nötigen Schwingung. Das kichert ab und zu, lauscht und schreibt.

Als sich die Produktvorführung in die Länge zu ziehen beginnt, überfliegt Edith noch einmal unauffällig den mit Gratisgeschenken garnierten Prospekt: Als nächstes winkt eine Schweinshaxe, prima!

Auf die muß sie allerdings noch weitere anderthalb Stunden warten, eine Zeit des Ausharrens, durch nichts unterbrochen als das Hinaus- und Hereinschleichen einzelner, die es zum Aschenbecher zieht oder an den Tresen im Vorraum, wo man rasch ein Bierchen zischen kann. Fairerweise muß sie zugeben, daß der Verkäufer, der noch immer gut bei Stimme ist, angekündigt hat, es werde erst Mittagessen geben, wenn sämtliche Produkte vorgeführt sind.

Um halb zwei ist es dann endlich soweit. Mittagssonne durchflutet den Saal, als die ersten dampfenden Haxen durch die Schwingtür getragen werden und Edith die aufgelockerte Atmosphäre zu einem Toilettengang nutzt.

Und wieder geht ein Raunen durch die Ausflugsschar. Hälse recken sich und Augen beginnen zu leuchten, denn gigantische, dampfende Fleischberge lagern da zwischen Kartoffeln und Sauerkraut. Rasch entwickelt sich das Klappern von Besteck zur Begleitmusik eines herzhaften Dorfessens. Der Hesse wischt sich erschöpft den Nacken, aus dem Foyer stapft Ediths Busnachbar, zwei Hefeweizen über die gebohnerten Dielen balancierend.

Schon wenig später türmen sich Haxenknochen, zieren die weißen Papierdecken auf den Tafeln riesige Fettflecke. Und kurz darauf ringt Edith um ihre Beherrschung: Als einem älteren, schräg von ihr sitzenden Herrn beim Kauen die halbe Zahnprothese nach unten rutscht, überkommt sie ein lautloses Gelächter, das ihren Körper schüttelt und das selbst der mißbilligende Blick ihres Vaters nicht zu stoppen vermag. Denn für einen Moment hingen dem Mann die Zähne so schief aus dem Mund, daß er aussah wie ein verunglückter Dracula ... dann ließ er das unzuverlässige Teil erschrocken in seinem Handteller verschwinden.

Die Pannenhilfe findet unterhalb der Tischkante statt: Unauffällig kramt die Frau des Leidgeprüften in ihrer Handtasche, der Mann bückt sich, als wolle er etwas aufheben, und kurz darauf sitzt das Gebiß wieder dort, wo es hingehört. Noch Minuten später laufen Edith Tränen übers Gesicht. Den Herrn sieht sie von nun an nur noch Sauerkraut essen und seine Kartoffeln in der Soße zertitschen. Seine Frau bittet um eine Tüte für die restliche Haxe.

Damit ist sie keineswegs die einzige, die nach einem Behältnis verlangt.

Mit einer Rolle größerer Gefrierbeutel kommt die Kellnerin durch die Schwingtür getänzelt, die Knochenberge verschwinden in den Tüten von Hunden- und Katzenbesitzern. Für etliche der Gäste wird es am nächsten Tag noch zu einem zweiten Mittagessen reichen. Einzig die beiden gegenüber haben ihre Riesenportionen restlos verdrückt, was man der alten Dame, um die sich der Sohn rührend bemüht, gar nicht zutraut.

Am Nachmittag überkommt Edith Langeweile. Auch der hessische Bariton klingt nicht mehr so taufrisch wie am Vormittag. Zwar bemüht er sich noch immer um witzige Einlagen, stellt nun Produkte vor, die »nicht aufregen, sondern Vertrauen schaffen« sollen, doch sind Konzentrationsschwächen nicht mehr zu übersehen, sein Gespür für Wirkungen läßt etwas nach.

»Nun schauen Sie mal her«, ruft er umständlich, eine Lostrommel in der einen – drei Lose in der anderen Hand. »Hier drin habe ich drei Gewinne ... das sind natürlich nicht automatisch die Lose in meiner Hand, die können ja durchaus auch Nieten sein. Also lege ich die jetzt wieder hier hinein. Wer aber eine Niete zieht und wer einen Gewinn, das wissen wir noch nicht ...«

Die Leute nicken wie im Kindertheater. Edith verkneift sich ein Gähnen, ihr tut der Hintern weh vom langen Sitzen.

Und plötzlich erklärt sich ihr, wieso man sie so weit außerhalb des Städtchens Dommitzsch gekarrt hat – hier draußen kann niemand, der sich langweilt, ausbüchsen, um vielleicht mal über den Markt zu schlendern. Hier ist nichts, was vom Hauptvorgang ablenken könnte ...

»Meine Damen und Herren«, ruft der Zampano, »das Iwent kommt nun in eine entscheidende Phase!« Er übergibt die Lostrommel seinem Assistenten, um drei Urlaubsreisen anzupreisen. »Buchen Sie jetzt – ohne Risiko!« tönt seine Stentorstimme von der Bühne herab, um die lauschende Gemeinde sogleich an eine Reling zu führen, wo man »... das Blau des Himmels mit dem Blau der Wellen verschmelzen sieht«.

Wie lange soll das noch gehen? Mit dem Nachsinnen, was Iwent bedeuten könnte, döst die Dresdnerin etwas ein.

Als sie das Geschehen wieder verfolgt, sind die drei Gewinne aus der Lostrommel – Friteuse, Sessel und Fernsehlinse – bereits verteilt. Und wie durch ein Wunder sind sie an jene gefallen, die eine Reise gebucht haben.

Für die Nietenzieher beginnt erst jetzt die entscheidende Phase – der Verkauf, begleitet vom Verteilen kleiner Geschenke zur georderten Ware, niedlicher Harlekinpuppen oder »Pillen als Supertip für neuen Schwung«.

»Wer möchte eine dieser aparten Vasen?« Mit erhobenen Armen durchschreitet der Hesse die Reihen. »Wenn Sie mir helfen und eine abnehmen«, fleht er dramatisch, »dann bin ich hier bald raus aus dem Schneider und kann die Arme wieder sinken lassen!« Etliche Hände recken sich nach oben, damit der nette Hesse die Arme wieder sinken lassen kann. Für kurze Zeit allerdings nur, denn schon hat er den nächsten Gegenstand gegriffen.

Nicht nur der Meister selbst, auch das Iwent schreitet nun zügig von Höhepunkt zu Höhepunkt. Mit großer Geste wird eine Rheumadecke über den Tisch gebreitet. »Wenn der Herr so freundlich sein will«, ruft der Verkäufer einem Rentner zu. »Bitte schön, ja Sie, kommen Sie mal nach vorn! Ein Bett kann ich Ihnen nicht bieten, aber die bequemste Matte, die es gibt ...«

Unter dem rhythmischen Klatschen des Publikums hievt sich das Versuchsobjekt auf Tisch und Rheumadecke.

Während der Opa so zwanzig Minuten liegt, werden über ihm die Vorzüge der Rheumadecke erläutert. ›Der hat's gut‹, denkt Edith, ›der braucht nicht auf dem harten Stuhl zu sitzen ...‹

Er macht tatsächlich den Eindruck, als läge er bequem. Der Zampano überschlägt sich vor Enthusiasmus ... und selbstverständlich ist auch die Rheumadecke »... das Allerbeste, was es derzeit auf dem Markt gibt«. Ein Preis wird nicht genannt.

»Kommen Sie! Wer Interesse hat – ich mach Ihnen einen Preis!« Das klingt schon fast wie ein Verzweiflungsschrei.

Trotz der ausführlich gepriesenen Vorzüge kauft niemand die Rheumadecke, es scheint sich doch um eine größere Summe zu handeln. Immerhin hat sich bei jedem potentiellen Käufer das Produkt dieser Firma eingeprägt – und wer weiß, vielleicht bringen einige der Stammgäste beim nächsten Mal das nötige Kleingeld mit, nachdem sie eine Woche drüber geschlafen haben mit ihren Rheuma-Schmerzen.

Während der Rentner unter Beifall und mit steifen Gelenken absteigt, bahnt sich der Kleinverkauf an. Auf Tischen, vor der Bühne aufgereiht, damit niemand durch steile Stufen vom Kauf abgehalten wird, hebt der Große Zauberer nun Tisch für Tisch die Tücher hoch. Alles reckt die Köpfe. »Diese Waren«, ertönt der Bariton, »können Sie in keinem Laden kaufen ... was sie natürlich ein klein wenig teurer macht.«

Ohne Murren nimmt die Gemeinde diesen klassischen Trick hin. »Ich verspreche Ihnen, Ihr Vertrauen wird nicht enttäuscht werden!« Und als es nach einer professionellen Pause und einem *Kommet-Zuhauf*-Seufzer »Achtung, meine Damen und Herren – es geht los!« heißt, folgt das Stühlescharren einer Hundertschaft, steuert die komplette Herde auf die Krippe zu.

Edith stützt ihren Vater.

»Müssen wir denn immer die letzten sein?« fragt er traurig. »Das Beste ist bestimmt schon weg, wenn wir vorne sind.«

»Nu mach dir mal keine Sorgen. Daß hier alles überreichlich vorhanden ist, da bin ich mir ziemlich sicher. Und notfalls haben die noch genügend zum Nachlegen.«

Vorn angelangt, will sie kein Spielverderber sein und entschließt sich, auch etwas zu kaufen. Sie greift nach einer geschwungenen Plastflasche mit Wollbalsam: *Spezialwaschmittel für flauschige Wolle, rückfettend – besonders geeignet für Rheumawäsche und feine Stricktextilien* ...

15,00 Mark die Flasche, ziemlich happig. Edith schätzt, daß es sich hier um extra Aufkleber handelt, damit man das gleiche Produkt nicht in der nächsten Drogerie für 6,50 DM wiederfindet.

Schon beim Mittagessen hatte sie sich gefragt, wie die Firma eigentlich auf ihren Gewinn kommen will: Die 14,90 DM decken gerade mal die Buskosten, dazu ein ganzes Mittagessen gratis ... Spätestens an diesen Tischen aber begreift sie das Prinzip.

Was soll's, schließlich muß der Mann für seinen harten Arbeitstag ja auch was verdienen. ›Ob der mal Schauspiel studiert hat?‹

Zwanzig Minuten später sitzt alles wieder am Platz. Die Ausbeute sorgsam vor sich aufgereiht, orientiert man sich nun, was die anderen erstanden haben: Salbennäpfe und Kräuterliköre, Puppen, Teddys, Knoblauchpillen ... Selbstverständlich weiß die Firma, daß alte Leute ehrlich sind und niemand was verschwinden läßt, ohne vorher bezahlt zu haben. So läuft auch das Einsammeln des Geldes durch den braunen Pagenkopf friedlich und ohne Gefeilsche ab.

»Entschuldigen Sie«, wendet sich die alte Dame von gegenüber an Ediths Vater, der eine Salbe gegen Durchblutungsstörungen und eine Moor-Wärmflasche gekauft hat. »Waren Sie zufällig letzten Monat mit im Spreewald? Ich glaube, ich hab Sie schon mal auf einer Fahrt gesehen.«

»Ja, ja, irgendwie erinnere ich mich auch an Sie. Im Spreewald, ja, das kann sein, im Spreewald war ich auch dabei. Ich war schon öfter mit«, sagt der

Vater stolz. Er ist froh, endlich an einen verständnisvolleren Gesprächspartner geraten zu sein als seine mäkelnde Tochter. Die beiden Stammkunden tauschen Erfahrungen aus und bestätigen einander, im Juli auf jeden Fall wieder mitzufahren. Mit liebevollem Blick auf seine Mutter packt der Sohn derweil die Waren ein. Die beiden haben wirklich etwas Rührendes. Edith begreift, daß solche Ausflüge das Leben von Menschen verschönern können, die sonst kaum Möglichkeiten haben, in Kontakt mit anderen zu kommen.

Der Verkaufsmarathon geht endlich in die letzte Runde. Für viele ist es der eigentliche Höhepunkt, denn jetzt winken die Gratisgeschenke! Erneut kommt Bewegung in den Saal, eilt alles ein letztes Mal nach vorn, um als stolze Besitzer eines Limonadensets oder eines Miniradios zurückzukehren. Einige haben sogar ein Massagegerät ergattert.

Und als der Hesse am Ende *tabula rasa* macht und alles verschenkt, was noch übrig ist, bricht im sächsischen Tanzsaal der Sozialismus aus: *Jedem nach seinen Bedürfnissen* heißt die Devise, und buchstäblich alles geht weg, noch das überflüssigste Teil findet seinen dankbaren Abnehmer. Leer geht niemand aus.

»Und jetzt, meine Damen und Herren ...«, reißt der Zampano ein letztes Mal seine Fans hoch, bevor er seine magische Kraft erlöschen läßt, um sich endlich ein Bierchen zu gönnen, »... hat der Geschäftssinn Pause – jetzt zählt nur noch das Herz!« Mit gespielter Kraftanstrengung und gen Schnürboden gerecktem Kinn stemmt er einen Riesenteddy in die Luft, setzt ihn am Bühnenrand ab und winkt ein spillriges Mütterchen heran. Die Bescherungsstimmung steigert sich zur Begeisterung.

Aufgekratzt bricht die Schar gegen 17 Uhr wieder Richtung Heimat auf. Der kleine Rauchertrupp vorneweg, um rasch noch eine durchzuziehen. Der mehrheitliche Rest folgt mit Gemach – ein Tempo, das hier nicht aufhält, denn hier ist Langsamkeit Programm. Vorsichtig werden Pappkartons die Steintreppe hinuntergetragen. Für den Fernsehsessel stellt der Wirt eine Sackkarre zur Verfügung, und Edith fragt sich, wie die neuen Besitzer den vom Bus nach Hause kriegen wollen. Am Ende der Karawane quälen sich die Gebrechlichen mit ihren Knie- und Hüftschäden die Treppe runter, dazu Alte, die von ihren Kindern begleitet werden wie Ediths Vater.

Draußen begrüßt sie ein immer noch tolles Ausflugswetter, die frische Luft tut gut. Vor dem hinteren Buseingang zeigt ein mongoloides Mädchen stolz seine aus einer Dose lugende Harlekinpuppe herum. Das Mädchen strahlt wie eine Königin, die Umstehenden strahlen mit.

›Das ist vielleicht das Positivste an dem Ganzen‹, sinniert die Dresdnerin, ihren Vater das Treppchen des vorderen Busses hinaufschiebend, ›Behinderte, von denen es hier mehrere gibt, sind aufgehoben in dieser seltsamen Gemeinde, gehören dazu wie sonst kaum in der Gesellschaft . . .‹

Nachdem die Segnungen aus dem Hessenland endlich verstaut sind und alles glücklich auf den angestammten Plätzen sitzt, gibt es ein großes Winken mit dem Gasthofpersonal; vom Verkaufs-Trio ist die braunhaarige Frau zur letzten Herzenssache abgestellt. Es ist ein Abschied wie unter Verwandten.

Noch einmal fahren sie die herrlichen sächsischen Dörfer ab, die nun malerisch in der Abendsonne liegen. Nein, eine zweite Fahrt wird Edith nicht mehr mitmachen, die über den Tag gedehnte Prozedur hat sie ziemlich ermüdet. Aufschlußreich war der Ausflug dennoch allemal.

Während ihr Vater vor sich hinzuduseln beginnt, versucht sie auszurechnen, was die Firma wohl heute eingenommen haben könnte: ›Jeder aus der sächsischen Hundertschaft hat etwas gekauft, die meisten gleich mehrere Artikel – ein paar Tausender dürften da schon reingekommen sein. Dazu die drei Reisen, das gibt auch für den Verkäufer noch Provision. Abzuziehen wären die kostenlosen Haxen, vielleicht noch ein wenig Saalmiete ...‹

Wie auch immer, der Mann hat wirklich hart gearbeitet, auch wenn er im zweiten Teil ein wenig auf die Nerven ging. Vor allem hat er die Leute nicht im unklaren gelassen und von vornherein gesagt, daß sein eigener Verdienst vom Umsatz abhängt, das hat seinen Sympathiebonus noch erhöht. Sogar die happige Summe der Gesamteinnahmen hat er bekanntgegeben, bevor die Schenkaktion anlief.

Ob das die neue Verkaufsstrategie ist – den gesamten Vorgang des Verkaufs transparent zu machen, um die mißtrauisch gewordenen Ostler als Verbündete zu gewinnen?

Wie auch immer, das Konzept hat jedenfalls funktioniert.

Verkaufsfahrten sind im allgemeinen verpönt, weil inzwischen jeder weiß, mit welchen Tricks den Leuten das Geld aus der Tasche gezogen wird. Doch wurde heute irgend jemand abgezockt?

Beim Thema *Abzocken* kennt Edith sich aus. Damals ... ja, wann war das eigentlich – 1990, 1991? Jedenfalls kurz nach der *Wende*, als das neue Warenangebot im Osten noch unbekannt war. Da steckte plötzlich ein Zettel im Briefkasten, am übernächsten

144

Tag werde ein Bus vor dem Bäckerladen an der Ecke stehen, der formschöne und sparsame Heizgeräte anbietet. Heizgeräte? Allein das Wort löste Wärme in ihr aus. Sie besaß ja zum täglichen Braunkohleruß nur ihren alten Stromfresser aus DDR-Zeiten. Und daß in ihre Häuser schon bald richtige Heizungen eingebaut würden, das konnte damals niemand ahnen. Zum Bus gelockt wurde mit einem Gratis-Päckchen Kaffee – *gratis*, das war was ganz Neues … Der Heizung, des Kaffees und der Neugier wegen waren Edith und ihre Nachbarin damals hin, und tatsächlich stand da ein Bus, aus dem ein Stromkabel in den Keller der Bäckerei führte. Sie stiegen ein – und der Schock, der nun folgte, war langanhaltend und hatte die Neigung der beiden Frauen, sich irgendwas aufschwatzen zu lassen, für Jahre gestillt.

Denn als sie drin waren, wurde der Bus, in dem schon etwa dreißig Leute saßen, plötzlich abgeschlossen. Die Fenster waren blind, man konnte weder raus- noch reinsehen, es war wie im Gefängnis. Eingesperrt waren sie mit einem Vorführheizgerät und einem fetten Kerl, der die Ossis beim Kaffee voll über den Tisch zog. Den Preis des Heizgerätes bezifferte er mit 2400 DM – und Edith erinnert sich, wie der in seinem Großmannsgehabe loslegte: »… Weil aber das Heizgerät hier im schönen Sachsen verkauft wird, machen wir es um dreihundert Mark billiger … Und wer nun von denen, die kaufen, bei der Anlieferung cash zahlt, der kriegt einen Preisnachlaß von noch einmal 40% …«

Am Ende kam das Heizgerät gut 1500,– DM. Und drei ahnungslose Rentnerinnen haben es tatsächlich gekauft – ein Heizgerät, das schon ein paar Monate später für 350,– DM im Elektroladen stand.

Dagegen war der heute eine ehrliche Haut. Und

jeder, der mitfuhr, wußte diesmal, was ihn erwarten würde.

Nein, die bekannte West-Abzocke ist hier nicht gelaufen.

>Hat eigentlich jemand Miese gemacht?< überlegt sie. >Die 14,90 DM waren reine Buskosten, die wurden von den Fahrern abkassiert. Bei reichlich hundert Fahrgästen haben die ihren Gewinn drin.

Und die Käufer? Die hatten ein Rundumerlebnis ...<

Edith deckt den schlafenden Vater wie ein Kind mit ihrer Windjacke zu.

>Die Angebote waren erschwinglich und konnten eine Rentnerexistenz nicht gefährden. Und ein Kaufbedürfnis haben sie ja sonst auch. Normalerweise wird das in der Drogerie befriedigt, in der man sie rasch abfertigt und wo sie wegen ihrer Langsamkeit an der Kasse stören. Der Einkauf heute dagegen war eingebettet in einen Tag der Freude, mit einer Busfahrt durch Sachsen, einem Verkaufsschauspiel, bei dem sie den Inhalt verstanden, mit Haxen-Essen und Kaffeetrinken unter Gleichgesinnten. So was ist beim gewöhnlichen Drogerie-Einkauf nicht drin. Und alle haben ihre Gratisgeschenke – ob Tinnef oder nicht, sie schauen glücklich aus ...<

Das Paradox dieses Tages beschäftigt sie. >Vielleicht ist das die Einkaufsform der Zukunft?< Zumindest für jene könnte sie sich das vorstellen, die zu alt sind oder zu behindert oder auch nur zu einfach gestrickt für diese schnelle Zeit. Eine Ausflugs-, Kauf- – und Wohlfühlgemeinde ist hier entstanden, die einen rundum zufriedenen Eindruck macht.

>Die Firma, der Zampano, die Kaufgemeinde, die Busfahrer ...< Nein, auch nach längerem Nachdenken kann Edith am heutigen Tag keine Verlierer aus-

machen – selbst der abgelegene Gasthof hat schließlich einen prima Umsatz gemacht.

Als der Bus die abendliche Silhouette von Meißen
passiert, zählt sie zu den wenigen Insassen, die sich
dieses Anblicks noch einmal erfreuen können. Denn
daß üppiges Essen und Marathonsitzen müde machen, das zeigt ein Blick auf die beiden neben ihr:
Dem Vater steht der Mund weit offen; der Skatbruder
zur Linken, bei dem vielleicht noch ein paar Biere
nachgeholfen haben, ruht schwergewichtig an der
Schulter seiner Frau.
   Zu Hause, so beschließt Edith, wird sie auf jeden
Fall erst mal im Fremdwörterbuch nachschauen, was
Iwent heißt.

Der Troubadour vom Gare de Lyon

Kurz nachdem die Metro zum Stehen gekommen ist, schiebt sich eine Waggonladung Berufspendler in den gekachelten Gang. Fröhlich drischt Kettel die Saiten, sein Blick filzt die müden Gesichter der Vorbeidefilierenden nach Marie. Schon zwanzig nach sieben, sie müßte längst durch sein ...

Im Gitarrenkasten landet ein Franc. Kettel nickt sein *Merci!* und schmalzt der Spenderin *It's sleeping in my memory* ... hinterher.

Und da purzelt auch schon die nächste Münze auf den blauen Samt.

Merci! I won't disturb the slumber of feelings that have died ... singt er. Vier Franc sind hereingekommen, nachdem die Ladung durch ist.

Doch wo bleibt Marie? Ob sie krank ist? Der gallische Hahn hat die Grippe am Hals in diesem April. Ihm selbst kann das Wetter ja nicht mehr viel anhaben: Jeden Morgen kalt duschen, und das seit Jahren, da hält er eiserne Disziplin. Gibt es in einem *Foyer* mal nur warme Duschen, dann duscht er eben gar nicht. Kettel ist der abgehärtetste Clochard von Paris, findet er; zudem verfügt er als früherer Opernchorsänger über ein fundiertes Stimmtraining.

Und so verpaßt er seiner Stimme ein dezentes Vibrato: ... *If I never loved, I never would have cried* ... Gut gelaunt ist unser Sänger, wie jeden Morgen – nur dumm, daß er noch keine neue *autorisation* hat ...

Auch der 7-Uhr-24er-Zug erreicht den *Gare de Lyon* ohne Marie. Drahtige Wirtschaftstypen eilen an ihm vorbei, ein alter Herr kleckert nach. Und während vor dem Gitarrenkasten eine altersfleckige Hand in dünner Börse kramt, widmet Kettel dem Spender einen fulminanten Schlußakkord samt sächsisch gefärbtem *»Merci beaucoup, Monsieur!«*

Dann drückt er dem verdutzten Opa die Hand.

Was macht der hier eigentlich inmitten des hektischen Morgenverkehrs?

Der Alte trippelt davon, leider nicht an der rechten Wand entlang, und so wird er zum Opfer eines Heeres, das nun der Vorortzug RER aus der umgekehrten Richtung heranspült.

Leaves that are green hallt es mitleidsvoll durch den Gang. Soeben hat Kettel beschlossen, eine *Simon-&-Garfunkel*-Phase einzulegen. Ihm ist nach Rührseligkeit: Marie ist nicht gekommen, und er hat noch keine neue *autorisation*. Ohne Papierchen aber keine Metro-Auftritte mehr ...

Ob sie auf der RATP dahintergekommen sind, daß er in Deutschland noch ein Zimmer hat? Wenn ja, kann er die *autorisation* vergessen.

Die Ausbeute des nächsten Pendler-Schwungs ist gleich null. Einiges hat sich verändert in Paris, die Leute geben nicht mehr soviel wie früher.

Als er hier anfing, kamen pro Tag etwa 300 Franc rein, das ist inzwischen auf die Hälfte gesackt. Vielleicht sollte er mal für einige Zeit aussteigen und in Deutschland Sozialhilfe beantragen. Das wäre allerdings ein Verlustgeschäft, und die CD, die er im Sommer einspielen will, könnte er dann glatt vergessen.

Für einen Moment ist der Gang wie leergefegt, und unser Musikant läßt sich samt Klampfe auf den Hokker fallen. Die Kaffeepause wird er diesmal vorverlegen – er muß Yves anrufen, braucht eine neue Bleibe für heute nacht.

Der Lautsprecher begleitet die Einfahrt des Zuges von *Château de Vincennes*, ein Nordafrikaner sprintet wie eine Gazelle Richtung Bahnsteig. Kettel aber rüstet sich für die Umsteiger, um ihnen ein *Hello, hello, that's all there is* ... entgegenzuschmettern.

›Gefaßte Mienen auf dem Weg zum Geldverdienen ...‹, reimt er insgeheim vergnügt dazu.

Doch, der *Gare de Lyon* macht ihm Spaß, selbst nach fünf Jahren noch – besonders morgens, wenn er frisch geduscht und gutgelaunt ist. Das Bahnhofsgebäude schwelgt noch im Luxus einer versunkenen Epoche, selbst die Kacheln an seinem Arbeitsplatz sind der Jahrhundertwende nachempfunden.

Eine Etage unter ihm donnert die RER herein, und über ihm starten die Fernzüge in den Süden – nach Marseille, Lyon, Italien ...

Im Zentrum aber, am Bahnsteig der Linie 1, hat er seinen Stammplatz – hier, im warmen Bauch des *Gare de Lyon*, von dem aus sich die Züge durch ein verzweigtes Tunnelnetz in die Pariser Vororte schlängeln, schrammt er fast täglich die Gitarre.

Hier kennt er das Bahnsteigpersonal und die Zeitungsfrau oben in der Halle. Kennt die Penner, die ihm regelmäßig zwei, drei Franc abluchsen und die ihr Gehirn bereits zum Schwamm gesoffen haben; jedenfalls merken sie sich nie, daß er Nikotinfeind ist und niemals Zigaretten zum Schnorren hat.

Kettel gehört sozusagen zur Großfamilie des Umsteigebahnhofs, der ihn miternährt. Allerdings sind es fast nur Franzosen, die ihn miternähren, Touristen kaum, und am wenigsten deutsche.

Doch kann er sich über mangelndes Publikum beklagen? Im Gegenteil – geradezu massenhaft rauscht es hier an ihm vorbei. Natürlich ist seine Bühne schäbiger als die von Heino, und über den Honorarunterschied sollte man ein gnädiges Tuch breiten ... Dafür kommt er in der Metro auf entschieden mehr Publikum als Heino!

... *And the leaves that are green turn to brown* ... schmalzt Kettel, um dann nahtlos zu *Ob La De Ob La Da* von den *Marmelades* überzugehen. Fast übermütig setzt er in der Fermate den Oberton nach.

Wenn man jahrelang an ein und demselben Platz steht, kennt man viele Gesichter, verwandelt sich so mancher leere Blick irgendwann in ein Lächeln. Und Kettel muntert die müden Massen tatsächlich auf, er ist eine Frohnatur, die selbst DDR-Wärter nicht zu brechen vermochten.

Nur im allmählichen Bogen des Tages neigt sich auch seine Stimmung ein wenig.

Bei den morgendlichen Berufspendlern ist er zu einer festen Größe geworden. Und er selbst kann inzwischen mit ziemlicher Sicherheit voraussagen, wer etwas gibt, wann und wieviel: Manche beweisen ihre Treue mit einem täglichen Franc; manche geben sporadisch ... und ein Bürovorsteher mit einer Birne wie Louis Phillippe legt ihm jeden Freitag einen noblen Zehn-Franc-Schein ins samtene Blau – vermutlich seine gute Tat vor dem Wochenende.

Der Bahnsteig ist inzwischen rappelvoll. Marie scheint nicht mehr zu kommen. Doch Geraldine kommt noch, in knapp einer Stunde ... Da ist die Rush-hour durch, und er kann ihr das Lied vorspielen, das er extra für sie komponiert hat, mit einem virtuosen Schlußakkord. Stimmlich ist er heute sowieso gut drauf – beim Lied für Geraldine muß er immerhin drei Oktaven schaffen ...

Von der Rolltreppe zieht die nächste Karawane heran, eine Münze kullert in den Gitarrenkasten – »*Merci, Madame!*«

Kein berauschender Ertrag für eine Waggonladung voller Spender. Vielleicht sollte er doch seinen Platz in der Gangecke wieder einnehmen? Dort muß zwar extra zu ihm hinlaufen, wer etwas geben will, doch hier im Gang werden selbst die Willigsten durchgespült, noch bevor sie ihn überhaupt wahrgenommen haben.

Als es für einen Moment ruhiger zugeht im Kachelgang, wechselt der *Clochard mit Format*, wie sich Kettel gern nennt, kurzentschlossen in die alte, vertraute Ecke. Die Pendler, die sich gerade aus den Waggons der brechend vollen Metro zwängen, müssen ausnahmsweise mal ohne Musikbegleitung umsteigen – das Verstauen von Münzen, Hocker, Verstärker und Notenständer, das Neupositionieren seiner Bagage, das Aufstellen von Hocker, Verstärker und Notenständer sowie seines nun wieder jungfräulich ausschauenden blauen Kastens ... das alles braucht eben seine Zeit, trotz tausendfach vertrauter Handgriffe.

Schon als die nächste Metro aus *Château de Vincennes* herandonnert, hängt die Gitarre wieder über Kettels fülligem Bauch.

It's sleeping in my memory ... wiederholt er nun zum vielleicht vierten Mal an diesem Aprilmorgen, und sein Glissando wirkt noch keineswegs geschwächt.

Die Morgenstunden sind seine Zeit: Früh aufstehen, kalt duschen, rasieren, saubere Kleidung anziehen, pünktlich dasein – in dieser Hinsicht zehrt er noch immer von seiner DDR-Erziehung. Unter den Clochards hat er sich den Spitznamen *Deutscher Hauptmann* eingehandelt. Na und? Er will eben nicht stinken, wenn sich Ladys ihm nähern, nicht stinken

wie die arbeitslosen Franzosen, die oben an den Fern-
zügen rumhängen und nur saufen ...

Sollen sie ihn doch nennen, wie sie wollen. Gerade
weil auch in Paris die Konkurrenz zugenommen hat,
braucht er einen Vorlauf zu denen, die sich erst vormittags aus dem Bett schälen. Er nicht – 6 Uhr morgens ist erste Stoßzeit im *Gare de Lyon*, da will er
möglichst am Platz sein. Also schlingt er sich früh nur
ein Croissant rein, punkt 4 Uhr 30 steht er vor der
ersten Metro ...

Preußische Pünktlichkeit erweist sich in Paris als
glatter Standortvorteil.

Gut eine Stunde später spuckt die Linie 1 mit der
Menge auch Geraldine aus. Als Kettel ihren durch die
Luft rudernden Arm sieht, läßt er *Simon & Garfunkel*
fahren und reißt seinerseits den Arm hoch. Sein See-
hundblick weicht einem Strahlen. Er zieht, während
Geraldine sich durch den in den Gang biegenden
Pulk kämpft, noch rasch die verstimmteste Saite nach.
Doch das *Lied für Geraldine* bringt er nicht an die
Lady, er kommt noch nicht einmal dazu, die sorgfältig
geschriebenen Noten aus dem Rucksack zu holen:
Die Hollandistik-Studentin hat es eilig, ist bereits zu
spät dran. Ein Küßchen auf die Wange, ein winziger
Small talk, dann sieht Kettel das kastanienbraune
Haar schon wieder von hinten wippen. An der Ecke
zum Gang stoppt Geraldine noch mal, er fängt einen
Handkuß auf ...

>Macht nichts<, tröstet sich der Troubadour vom
Gare de Lyon, dann wird er ihr das Lied eben am
Wochenende vortragen. Da ist es hier ohnehin ruhi-
ger und Geraldine kommt ja auch sonntags, da jobbt
sie als Aufsicht im Louvre. Vor einem halben Jahr ...
»Merci, Monsieur!« ... als er in einem Stimmungstief

hing, hat sie ihn eines Sonntags mit in den Louvre genommen, durch den Diensteingang. Der Tag war für ihn wie ein Fest – und Kettel erinnert sich, daß damals selbst tote Frauen wie die Venus von Milo, Maria von Medici oder Mona Lisa ihn aus seinem Tief herauszuholen vermochten.

It's sleeping in my memory ... seufzt er und schließt mit einem Pizzicato.

Am Bahnsteig rekrutiert sich eine neue Fracht, doch nach dem Auftritt Geraldines hat er Mühe, die alte Routine wiederzufinden. Das ist es ja gerade, dieser Kick, den die Ladys von Paris ihm versetzen. Ohne Geraldine und Marie (die offenbar krank ist), ohne Julie, Marie-Anne oder Monique wären die Tage im U-Bahn-Tunnel Endlosschleifen ohne jedes Crescendo ... verliefe das Aufreißen der Metrotüren ohne die kleinen, für ihn lebensnotwendigen Adrenalinstöße.

Frauen kommen ohnehin häufiger zu ihm herüber als Männer, und jede ihrer Annäherungen gleicht einer Streicheleinheit. Von einem Gespräch mit einer Lady zehrt Kettel stundenlang.

Nicht, daß er über die geringste erotische Ausstrahlung verfügte, diesbezüglich gibt er sich keinen Illusionen hin: Das Gesicht eher fließend als kantig, driftet schulterwärts auch die Figur schon zielstrebig auseinander ... Nein, er ist keiner, auf den andere Männer eifersüchtig sein müßten – er weckt die Krankenschwester in der Frau und rührt an ihr Mitleid.

Was aber unterscheidet ihn von anderen Clochards?

Der Troubadour vom *Gare de Lyon* hat Stil! Er verteilt gern Handküsse, das kommt an; auch nimmt er die Mütze ab, wenn er mit einer *Lady* spricht. Nie würde er eine belästigen, würde plumpe, gar zotige Bemerkungen machen – flirten ja, aber nicht mehr, der Handkuß ist das Maximum. Und Frauen spüren so was, es verleiht ihnen die Sicherheit, daß ihre Zuwendung auch tatsächlich als Fürsorge verstanden wird. Hinzu kommt, daß er sauber ist und nicht riecht – auch das merken sich Frauen. Also lädt ihn schon mal die eine oder andere zum Mittagessen ein, bei Julie und Marie-Anne war er sogar schon daheim, zum Abendbrot.

Nur Marie hat ihn mal an einem schlechten Tag erwischt, da hatte er mittags ein paar Bierchen getrunken, das fand sie gar nicht gut. Er auch nicht. Kettel, der Flüchtling aus Deutschland, möchte niemanden enttäuschen – am wenigsten Frauen. Und selbstverständlich hält er nur Kontakt zu solchen, die anständig sind, intelligent, die nicht rauchen und nicht trinken. Geraldine zum Beispiel, die spricht Englisch, weshalb er sein Lied für sie ja auch auf englisch geschrieben hat. Frauen, die blöd sind, mag er nicht, ein bißchen Geist müssen sie schon haben. Und Frauen, die rauchen, lehnt er grundsätzlich ab, aber Geraldine raucht ja nicht ...

The words of the prophets are written on the subway walls ... – »Merci, Madame!« – ... *and tenement halls and whispered in the sound of silence* ...

Der Auftritt Geraldines reißt ihn noch immer zu Schmalznummern hin.

Einmal hatte er sogar eine *richtige* Freundin, doch das hat nicht gehalten. Monique. Eine tolle Frau, kommt immer so gegen halb neun. Monique wohnt an der Porte Maillot und arbeitet im Verteidigungsministerium; außerdem spricht sie Deutsch – eine Seltenheit unter den Galliern.

Mit Monique blieb es nicht nur beim Handkuß. Irgendwann begann sie, herüberzulächeln ... das hielt sich so ein paar Wochen. Dann kam sie plötzlich angeschlendert, und es ergab sich ein kleines Gespräch, über Musik. Moniques Mann spielt nämlich im Polizeiorchester, und da haben wir auch schon den Grund, warum es bald zu Ende ging: Monique ist verheiratet. Mit einem Mann, der zehn Jahre jünger ist als er und kein Clochard.

Ein paarmal sind sie nach Dienstschluß spazierengegangen, drüben auf der anderen Seite der Seine und im Bois de Boulogne. Dort landeten sie dann auf einer abgelegenen Wiese und Monique ließ Kettels Hand zwischen ihren Schenkeln wandern – ein Gebiet, das ihm inzwischen so fremd geworden war, daß er sich vortastete wie ein Pionier.

Das Polizeiorchester hatte dann irgendwann einen Auftritt in St. Denis ... und Monique nahm ihn kurzerhand mit nach Hause. Es war das erste Mal seit Jahren, daß er etwas mit einer Frau hatte – so richtig, mit allem Drum und Dran. In Paris war es nicht nur das erste Mal, sondern auch das letzte. Bis zum heutigen Tag, voilà. Aber Sex ist ihm gar nicht so wichtig, er ist ja eher ein Romantiker – mit Briefchen schreiben, Flirt und Handkuß. Na ja, und ein bißchen schmusen ...

»*Merci, Mademoiselle!*« ruft Kettel, leicht verspätet, einer rothaarigen Schönen zu, die soeben eine aus seiner Perspektive schwer identifizierbare Münze in den Kasten geworfen hat und bereits wieder über den Bahnsteig tänzelt, den Blick nun auf den Metrotunnel gerichtet.

Er muß sich zusammennehmen! Zwei Saiten sind verstimmt, die Gitarre hört sich an wie ein Blecheimer ...

Was, wenn ihm die Bahnbehörde keine *autorisation* mehr ausstellt? Dann wird ihn der *Bauch von Lyon* ausscheiden. Dann bleibt ihm nur noch die Straßenmusik ... oder die Rückkehr nach Deutschland.

Monique steigt übrigens immer noch jeden Morgen hier um, doch winkt sie nur noch aus der Ferne herüber ...

Punkt Viertel vor neun – inzwischen hat auch Monique den Bahnsteig passiert – entschließt sich der *Clochard mit Format*, eine Kaffeepause einzulegen. Bepackt wie ein Esel bahnt er sich seinen Weg an den Fliesen entlang, stemmt er sich gegen eine Masse von Pendlern, die in die Gegenrichtung flutet. In diesem Moment hat er spürbar das falsche Format.

Seit den Bombenattentaten sind die Schließfächer auf den Bahnhöfen dicht, und seitdem schleppt er seine gesamte Habe mit sich herum, den ganzen Tag: Auf dem Rücken ein prallvoller Rucksack, als Bauchladen der Gitarrenkasten, in der Hand den Griff eines Rollis, auf dem er Klapphocker und Notenständer festgeschnallt hat sowie eine Tasche mit Texten und jenem Teil seiner Klamotten, der nicht mehr im Rucksack Platz findet.

Kettel beginnt zu schwitzen.

Schon auf der Rolltreppe schlägt ihm aprilgraues Tageslicht entgegen. Das sieht nach Regen aus. So wie gestern und vorgestern.

Zielgerichtet steuert er in der Bahnhofshalle die Telefonecke an, die wie meist von Nordafrikanern belagert ist: Er muß Yves anrufen, die Quartierfrage klären. Kettel braucht eine neue Bleibe, nachdem es ihm über drei Wochen gelungen war, in seinem Lieblingsfoyer zu nächtigen, dem *Gare de l'Est*. Drei Wochen sind dort das Maximum – also mußte er heute raus.

Der *Gare de l'Est* ist wirklich das beste *Foyer*, das er kennt in Paris. Während in anderen Quartieren fünf Männer in einem Raum schlafen müssen, mitunter sogar acht oder zehn, herrschen im *Gare de l'Est* paradiesische Zustände: Als *Foyer* dient dort ein ausrangierter, auf einem Abstellgleis stehender Zug.

Einer mit richtigen Schlafwagen, Zwei-Mann-Abteilen und frischbezogenen Pritschen! Klar, daß es da den stärksten Andrang gibt. Um im *Gare de l'Est* einen Platz zu erwischen, muß man sich voranmelden ...

»Yves?« Routiniert dreht der Sachse seine Bagage vom Tunesierpulk weg, der den Apparat neben ihm besetzt.

»Pardon, hier ist Kettel. Ich bräuchte mal deine Hilfe ... Oui, das übliche ...«

Der Freund soll für ihn herumtelefonieren, wegen eines neuen *Foyers*. Am liebsten wäre ihm *Gare d'Austerlitz;* dort nächtigt man zwar in ausgebauten Lagerschuppen, doch gibt es immerhin ein appetitliches Abendbrot – warm und eingeschweißt.

»Könntest du es mal im Gare d'Austerlitz versuchen, Yves?« brüllt Kettel in die klebrige Muschel. Die sanfte Stimme am anderen Ende der Leitung hat kaum eine Chance gegen das Maghreb-Rhabarber neben ihm.

»Gare–d'–Au–ster–litz, Yves! Kannst du mich verstehen? *Foyer Gare d'Austerlitz!*«

»Oui!«

Foyer kommt dem Deutschen leicht von den Lippen – das erinnert ihn eher an seine Theaterzeit als an ein *Obdachlosenheim*. Die Franzosen sind wirklich charmanter ...

»Was? Verstehe kein einziges Wort, sag das bitte noch mal ... Merde!!«

Zum kehligen Geprassel neben ihm knallt nun

auch noch der Lautsprecher Abfahrten und Ankünfte in die Halle; Kettel versteht sein eigenes Wort nicht mehr, geschweige denn das von Yves.

Soviel immerhin hat er mitbekommen, als er genervt den Hörer ins Metallrund hängt, daß Yves das für ihn erledigen will und nachmittags auf einen Sprung in den *Bauch von Lyon* kommt, um ihm das Resultat mitzuteilen. Yves ist ein wirklicher Freund, einer, der dich nicht spüren läßt, daß in dieser Freundschaft Geben und Nehmen keineswegs gleich verteilt sind. Ohne ihn wäre Kettel wohl ein paar dutzendmal mehr abgestürzt ...

Auf dem Weg zum Westportal umkurvt er ein paar fliegende Händler, um der Lady im Zeitungskiosk noch schnell ein *Bonjour!* mit Handkuß in die Papierluke zu werfen. Dann passiert er das Bahnhofsrestaurant, das er noch nie betreten hat. Denn Kaffeepause heißt für ihn nicht *petit déjeuner* unter Kristallüstern und blattgoldüberzogenem Stuck – Kaffeepause heißt für ihn, ein kleines Bistro anzusteuern, in dem man ihn kennt und er seinen selbst mitgebrachten Kaffee aufbrühen kann. Hier auf dem Bahnhof Kaffee zu trinken, wäre in die Seine geschmissenes Geld – allein am Stehtisch kostet er zehn Franc, dafür kann er sich drei bis vier Tassen machen, von seinem löslichen ...

Was, wenn es nicht klappt mit *Gare d'Austerlitz?* Zum Schlafen im Freien ist es noch zu kalt. Damals, als er neu war in Paris, blieb ihm gar nichts anderes übrig: Die katholische Kirche hatte ihm für die ersten zwei Nächte ein kleines Hotelzimmer spendiert, das senkte immerhin die Angstschwelle vor diesem neuen, nun wirklich unwägbaren Leben. Danach schlief er draußen – am Seine-Ufer, auf dem Gitter eines Metroschachts, in einem Park ... Möglichst immer mit anderen zusammen, um nicht überfallen zu werden. Genützt hat es aber nichts.

Draußen nieselt es.

Auf dem Bahnhofsvorplatz stauen sich Taxen, manövrieren die ersten Reisebusse. Die Flics machen es sich unter dem Vordach gemütlich, nur die Politessen-Frühschicht stelzt ungerührt über Pfützen, um ihre Knöllchen zu verteilen. Kettel kramt die Regenplanen für Rolli und Gitarre heraus und macht sich auf den Weg zur Avenue Daumesnil ...

... Klar ist er beim Schlafen schon überfallen worden. Einmal, da hatte er plötzlich ein Messer an der Kehle und eine Hand riß an seinem Brustbeutel herum. Es war stockdunkel, er lag eingerollt in seinem Schlafsack – wie hätte er sich da wehren sollen? Ratzbatz waren zwei Tageseinnahmen weg, und das am Anfang, als er noch nicht so gut drauf war wie heute. Das deutsche Fiasko war noch zu nahe, und er kannte in Paris keinen Menschen ...

Nach dieser Lehrstunde hat er sich Tränengas besorgt und ist nur noch mit einem Knüppel in den Schlafsack gekrochen. Außerdem überweist er seit dieser Nacht, sobald er 500 Franc zusammenhat, das Geld sofort auf sein deutsches Konto.

Damals, als er hier ankam, war es auch April und säuisch kalt.

Kettel durchquert die Bahnunterführung, deren Wand die Nuklearsozialisten okkupiert haben.

›Sozialisten? Die hatten wir bereits!‹ Ungeachtet des durch die Rue de Rambouillet flutenden Verkehrs reißt er ein paar Plakate herunter und stopft sie in den nächsten Müllbehälter. ›So – das war die heutige Morgengymnastik!‹ freut er sich. In der Rambouillet öffnen die letzten Geschäfte, ein Wirt stellt aus unerfindlichen Gründen zwei Stühle aufs Trottoir. Der

Freund des Weinhändlers, ein blonder Schwuler aus den Staaten, schaut mißmutig zum Himmel und zieht das Stahlgitter aus dem Schloß. »*Bonjour!*« winkt Kettel. Der Freund des Weinhändlers antwortet mit einem maliziösen Fingerschwung, man kennt sich.

... Einmal wurden ihm sogar Hosen und Schuhe geklaut. Beides hatte er fein säuberlich neben seinem Schlafsack plaziert, was einen Penner zur Frage veranlaßte, ob er den Nikolaus erwarte. Als er dann am Morgen die Augen öffnete, waren die Schuhe weg, die Hosen und der Penner. Er mußte barfuß durch die Stadt und in Unterhosen – bis zum Bahnhof, wo er in einem Schließfach sein zweites Paar Hosen deponiert hatte, im Frühjahr 95 waren ja die Schließfächer noch offen. Was hätte er denn sonst tun sollen? ›So was gab es in der DDR nicht‹, hatte er damals gedacht und keinerlei Heimweh empfunden.

Kurz vor der Avenue Daumesnil biegt er in das verschachtelte Quartier von Bercy ein. Im *Bistro chez Maurice*, einem kleinen Schlauch unmittelbar neben einem Sushi-Lokal, herrscht das Gähnen. Kettel nimmt am Tresen Platz und holt seinen Löslichen heraus.

Fünf Jahre ist der sächsische Opernchorsänger nun schon Clochard in Paris. Ein anhaltender Akt der Selbstbefreiung – aus der Zange von Versicherung und Würzburger Finanzamt.

... Wirklich, der Anfang war alles andere als leicht. Mehrere Wochen brauchte er, um herauszufinden, wo es umsonst zu essen gibt und man möglichst gefahrlos seinen Schlafsack ausbreiten kann. Vor allem wußte er nicht, daß man eine *autorisation* braucht, um in der Metro zu spielen. Er hat sich hingestellt und einfach losgeklampft. Und jedesmal, wenn die Flics kamen, mußte er seinen Notenständer zusammenklappen und, wenn er Pech hatte, dreihundert Franc Strafe abdrücken. Sie haben ihm nie gesagt, warum. Das heißt, gesagt haben sie es ihm vermutlich schon, er hat es nur nicht verstanden. Am Anfang beschränkte sich sein Französisch auf *Merci!* und *Bonjour!*

Bis er das endlich kapiert hatte mit der *autorisation*, waren schon mehr als tausend Franc Ordnungsstrafe weg. Er hat sich dann zur Genehmigungsbehörde der Bahn durchgefragt, dort verstanden sie ihn aber nicht, weil niemand Deutsch konnte.

Inzwischen hatte er Yves kennengelernt, einen Franzosen, der englisch spricht (was ja für Franzosen nicht selbstverständlich ist). Englisch kann Kettel auch ein bißchen, das hat er sich in der Volkshochschule in Meißen draufgedrückt, damals, als er endlich die Lieder verstehen wollte, die er sang.

Also, Yves hat ihm dann erst mal ein Schild auf seinem Computer gebastelt, in französisch und englisch:

Habe keine Arbeit, kein Geld, kein Zuhause, bin ohne Familie – was ja stimmte, seit ihm die Frau weggelaufen ist . . .

Yves hat ihm auch das Schreiben für die Genehmigungsbehörde aufgesetzt. Dort mußte er dann richtig was vorspielen, so wie in der Konzert- und Gastspieldirektion der DDR.

Kettel hat auf der Behörde einen guten Eindruck hinterlassen – vor allem sah er gepflegt aus und nicht so abgerissen wie die Alkis, die hier massenhaft die City bevölkern. Nein, nein – er trinkt aus und verstaut seinen Kaffee im Rucksack – das gehört für ihn unbedingt zu Paris, daß er sich hier anständig benimmt und kultiviert aussieht.

Die *autorisation* gilt jeweils für ein halbes Jahr. Und diesmal hat er plötzlich keine gekriegt. Wieso? Ob sie tatsächlich rausgekriegt haben, daß er noch ein Zimmerchen in Deutschland hat?

In der Bahnhofshalle wimmelt es plötzlich von Flics. Sie demonstrieren Macht und Präsenz, kontrollieren die Ausweise sämtlicher Maghrebs und Schwarzen, die sich aus den Vorstadt-Ghettos in die Glitzerwelt aufgemacht haben.

Solche Kontrollen beunruhigen ihn nicht. Wenn man über Jahre an ein und demselben Standort spielt, kennen einen die Flics. Und er sieht vertrauenerweckend aus – aschblond und nicht wie ein algerischer Terrorist.

Allerdings hat er auch die andere Seite der Medaille kennengelernt: Anfangs gelang es ihnen häufig, ihm Paris zu vermiesen. Besonders dann, wenn er gerade die schönen Seiten genießen wollte, die Tuilerien, das Sacré-Cœur oder das Marais ...

Wenn er da so auf einer Bank saß oder einer Wiese, stach ihnen seine Bagage ins Auge. *Ihnen*, das waren in diesem Fall die *Blauen* – so eine Art Sonderflics, die Clochards aufpicken. Vor allem jene, die kein Nachtquartier angeben können.

Auch diese Spielregel hatte er anfangs nicht begriffen: Die *Blauen* sammeln immer eine Autoladung voll, mit so einem häßlichen Kastenwagen, in dem man nichts sieht. Und wenn du der erste bist, hast du Pech, dann zuckelst du ein paar Stunden lang mit ihnen herum – ohne was zu sehen vom schönen Paris ... Sobald das Auto voll ist, wird die Penner-Ladung in Nanterre einem Arzt vorgeführt, der untersucht dann jeden auf Krätze, Aids und so weiter. Und du kriegst für eine Nacht ein Bett.

Aber was dort für Gesindel zusammenkam ... Da schlief man am besten auf seinem Gepäck, wenn man es am Morgen noch vorfinden wollte.

Unten, im *Bauch von Lyon*, haben sich die Gänge ein wenig gelichtet. Die morgendliche Rush-hour ist vorüber, das Umsteigetempo ist gemächlicher geworden. Die Metro gehört nun den Studenten, vor allem aber den Touristen. Und das heißt weniger Einnahmen.

Erfrischt von Kaffee und Nieselregen, klappt der *Clochard mit Format* seinen Notenständer wieder auf, richtet den batteriebetriebenen Verstärker ein und zückt sein Repertoire-Heft.

Viva Bobly Joe von den *Equals* überblättert er, ebenso *Baby, come back!* – das ist ihm jetzt alles zu lärmig. Er tendiert mehr zu Blues, will bei den Touristen die Stimme ein wenig schonen.

Unvermittelt denkt er an seine Frau, an ihren stillen, freundlichen Abgang, der trotz der Freundlichkeit nichts weniger als das Ende einer zwanzigjährigen Ehe bedeutete.

Ist Kettel ein Wende-Opfer?

So sieht er sich eigentlich nicht, zumindest, solange er hier steht und spielt. Dabei ist er schon fast ein Multi-Opfer – eines der Osteuropäer, ein Opfer der Wessis und natürlich der SED ... Kettel hat es so richtig angeschmiert.

Dabei sah zunächst alles ganz rosig aus, nach seinem Freikauf aus dem DDR-Knast: Noch keine vier Wochen in Freiheit, startete er schon seine zweite Karriere – nicht als Opernchorsänger, den Beruf hatte er auch im Osten nur vorübergehend ausgeübt, sondern als Sänger und Keyboarder. Nach der üblichen Amtsrennerei verdingte er sich an einer Würzburger Raststätte als Kellner, bis er sich eine neue Gitarre leisten konnte, eine billige zunächst. Dann kam die 10-Jahresfeier der Organisation *Hilferuf von Drüben*. Er erntete Beifall für seinen ersten Auftritt, das ZDF machte ein Interview mit ihm. Von nun an wurde er weitergereicht, ging es Schlag auf Schlag – hier ein Stadtfest in Würzburg, da ein Sommerfest der CSU, wo er die Krachledernen mit Stimmungsliedern und Heiter-Besinnlichem aus seiner früheren Heimat zum Applaus hinriß.

Alles ging spielend und vor allem bergauf: Weinfeste, Vereinsjubiläen, Hochzeiten ... Er kaufte ein Keyboard und kreierte die Ein-Mann-Show *Ernst Lustig*. Und faßte, nach Hotelauftritten in Malta und Luxemburg, schließlich bei der *Rhein-Elbe-Schiffahrtsgesellschaft* Fuß ...

Von nun an war die Flußkreuzfahrt sein Einsatzgebiet: Er schipperte mit Touristen über den Main-Donau-Kanal, zuständig für Bordtanzabende und die musikalische Stimmung zum Nachmittagskaffee ... *Unseren Gästen durch gute, dezente Unterhaltungsmusik den Aufenthalt an Bord so angenehm wie möglich gestalten* – gab es dafür einen Geeigneteren als ihn?

Es war, als ob Arbeit und Urlaub zusammenfielen – eine gemütliche Kabine, zufriedene Touristengesichter, sechs Stunden Keyboard am Tag und zwischendurch einen Blick auf vorüberziehende Schlösser und Burgen ...

Für eine 11-Tages-Tour gab es 1280,– DM. Gut, das war nicht gerade die Menge, doch eine angenehme Art, sein Leben zu fristen, vor allem, wenn man bedenkt, daß Essen und Logis frei waren ...

Na, wer sagt's denn: Nachdem ein dickes Paar im Camping-Look seinen Obolus schon seit geraumer Zeit auf rhythmisches Nicken beschränkt, erbarmt sich nun eine ganze Familie: Schüchtern bauen sich zwei Kinder vor dem Gitarrenkasten auf, ein Fünf-Franc-Stück kullert in den Samt.

»*Merci, mes enfants, merci beaucoup!!*« Die aus dem Leim gegangene Figur des Sängers schiebt sich mit Hüftschwung in eine Verbeugung, die von den Kindern bis hinüber zu den Eltern reicht. Fünf Franc vom Urlaubsgeld der Familie – das ist nobel.

... Wann hatte das Blatt sich zu wenden begonnen?

1994, daran erinnert er sich schmerzlich, wurden plötzlich die Verträge gedrückt – bei allen deutschen Kollegen, die für die Schiffahrtsgesellschaft spielten: Statt der täglichen 100,– DM gab es plötzlich nur noch 50,– DM.

Und das war erst der Anfang des Dumpings.

Es waren die Osteuropäer, die nun auf den Markt drückten. Die ebensogut singen und spielen konnten wie die Deutschen, mit einem Unterschied – sie waren bedeutend billiger.

So dauerte es nicht lange und Kettel war draußen, und nicht nur er.

Drin waren die Tschechen, Ungarn, Rumänen, Russen, Polen ... Für die sind zwei Handvoll Ausbeutergroschen noch immer ein gutes Geschäft. Spielt ein Rumäne pro Tag fünfzig Mark ein, dann nimmt er für rumänische Verhältnisse einen schönen Batzen mit nach Hause. Kettel aber lebte nicht in rumänischen Verhältnissen, er hatte schon allein achthundert Mark Miete abzudrücken. Vom Finanzamt und den Versicherungen ganz zu schweigen ...

Ein junger Asiat, den Stadtplan aufgeklappt, hat sich neben ihm postiert, Kettel tippt auf einen Japaner. Nachdem er höflich den Schlußakkord abgewartet hat, fragt er nach einem berühmten Friedhof, dessen Namen er vergessen hat, auf dem aber Jim Morrison liegen soll ...

Jim Morrison? Für den Sänger-Kollegen vom *Gare de Lyon* kein Problem: Der liegt auf dem Père Lachaise, wo sonst! Kettel war schon ein paarmal dort, allerdings nicht wegen Morrison, dessen Grab inzwischen einer Mülldeponie gleicht – leere Flaschen zwischen verfaulten Blumen, wahllos weggeschnipste Zigarettenkippen, der Grabstein von Graffiti entstellt … Seine Abneigung gegen derartige Kult-Verunstaltungen behält er allerdings für sich. Geduldig erklärt er dem jungen Mann, daß er gerade zwei Stationen zu weit gefahren sei, zurück zum *Place de Nation* müsse, um dort in die Linie 2 umzusteigen.

Der Morrison-Fan bedankt sich und legt zwei Franc in den Gitarrenkasten.

… Bei der Schiffahrt spielen inzwischen nur noch Osteuropäer. In Würzburg hat er letztes Jahr einen Bulgaren getroffen, der schrubbt sein Instrument inzwischen für zwanzig Mark pro Tag – damit kann er in Bulgarien noch immer seine Familie ernähren.

Die Wende, soviel kann man immerhin sagen, hat den freigekauften Sachsen aus den Angeln gehoben. Noch heute sieht er die Fresse des Versicherungsvertreters vor sich. Das ist eben das *Ossi*-Syndrom: Jemand wendet sich dir liebevoll zu … der Vertragstext ist ohnehin so gehalten, daß ihn keiner versteht.

1994 – er hatte gerade aufgerüstet: zwei Keyboards, Harmonizer, Equalizer, eine gute Schlaggitarre, teure Boxen – standen etwa dreißigtausend Mark auf der Bühne, mit allem Drum und Dran. Und dafür hat er sich so ziemlich jede Versicherung aufschwatzen lassen, die es gibt. Der Kerl hat ihn solange belatschert, bis es ihn regelrecht nach Sicherheit dürstete – es könnte ja brennen, das Schiff könnte sinken, ihm einer was klauen, ein Tourist ihm in die Gitarre fallen, er seinerseits einen Menschen zum Stolpern bringen …

Sechstausendneunhundert Mark hat er schließlich hinblättern müssen, der Ossi-Dussel.

Bei soviel Blödheit schießt ihm selbst heute noch das Adrenalin ein.

I'm a Rock ... röhrt Kettel und stampft dazu von einem Bein aufs andere.

Merci! Der Wutanfall wird als sängerisches Pathos verkannt und bringt vier Francs ein.

... Es war eine Katastrophe im Crescendo: Miete, AOK, Versicherung, Finanzamt ... Der Schuldenberg wuchs, und er konnte nicht mehr bezahlen. Als ihm dann noch die Frau weglief, hat er sich kurzerhand nach Frankreich abgesetzt.

Eine Zeitlang hat er ziemlich gesoffen, manchmal sogar getankt wie ein Russe. Da haben sich die Ladys ferngehalten von ihm, und seine Stimme war im Eimer.

Das Einkommen schwankt – wenn es richtig gut läuft, hat er dreihundert Franc am Tag; im Sommer dagegen, wenn halb Paris aufs Land flieht und die Touristen die Stadt okkupieren, sacken die Einnahmen schnell mal auf die Hälfte runter. Dann bricht er das Spielen mitunter vorzeitig ab und geht auf Entdeckungstour durch Paris.

Kettels Anflug von Weinerlichkeit fällt kurz aus, man muß dem Ganzen ja auch seine guten Seiten abgewinnen – er hat keinen Chef, und niemand redet ihm rein. Er kann machen, was er will: Jetzt zum Beispiel könnte er einfach aufhören und ins Kino gehen! Mitsamt seiner ganzen Bagage allerdings ...

Gegen Mittag ist die Stimme des sächsischen Sängers nicht gerade im Eimer, doch zeigen sich erste Spuren von Brüchigkeit. Er entschließt sich, die Singerei vorübergehend einzustellen und dafür etwas schmissiger zu klampfen.

Touristen versauen wirklich das Geschäft, und besonders knausrig sind die Deutschen. Italiener geben schon eher mal was; ein Haufen Lire-Scheine wirkt allerdings mehr, als er wert ist. Ihm graust vor jedem Wochenende, weil da fast ausschließlich Touristen die Metro bevölkern. Wenn er Pech hat, schließt er am Wochenende mit fünfzig Franc pro Arbeitstag. Das sind in etwa fünfzehn Mark und liegt noch unter Bulgaren-Niveau. Er lebt allerdings hier auch unter Bulgaren-Niveau.

Aus der eingefahrenen Metro tröpfeln ein paar Umsteiger. Eine Gestalt mit Vogelfeder im Stirnband spreizt beim Abschwenken in den Gang zwei Finger zu ihm herüber. Kettels soeben noch bemühtes Lächeln entfaltet sich zum Strahlen. Das ist es, genau das ... selbst solche winzigen Episoden holen ihn aus einer nahenden Depression. Um wieviel mehr noch die erotische Spannung, welcher Metro Geraldine entsteigen könnte und welcher Marie ...

Punkt dreizehn Uhr legt der Sachse eine Fermate ein, um in der Suppenküche *Rue de Bercy* noch eine Portion zu erhaschen. Zwar werden dort jeden Mittag mehrere hundert Essen ausgegeben, doch gilt selbst für Suppenküchen: Wer zu spät kommt, den bestraft das Leben ...

Also klettert er pünktlich aus dem *Bauch von Paris*.

In der Halle tauscht er einen Teil der Münzen in Scheine, eine norwegische Krone, die niemand haben will, steckt er einem schwankenden Penner in die Tasche.

Hastig zieht er sein Gepäck durch die Rue de Bercy – vorbei am Finanzministerium, einem Bau von bombastischer Häßlichkeit, und dem neuen American Center, das wie ein expressionistisch verschachtelter Turm von Sandsteinblöcken wirkt. Die Suppenküche, ursprünglich ein Afrikaner-Wohnheim, liegt abseits der architektonischen Monster.

Längst kennt der Flüchtling aus Deutschland alle Tricks der Stadtstreicher-Gemeinde, möglichst ausgabenfrei über den Tag zu kommen: Im Bistro kann er seinen Löslichen aufbrühen, in der *Halle des Amies* gibt es Räume für Obdachlose und Kaffee umsonst. Bei den Suppenküchen kann er im Schlaf aufsagen, welche zwei Menügänge ausgibt und welche drei ... Klamotten und Schuhe holt er sich in der Kleidersammlung. Übernachtung ist sowieso kostenlos. Und dann ist da noch eine katholische Einrichtung, die einmal pro Monat zehn Metro-Fahrscheine umsonst ausgibt ... Sogar eine Postadresse hat er, falls eine Behörde ihn erreichen will oder mal ein Kärtchen aus *Allemagne* eintrifft – die Post landet dann bei der Heilsarmee. Das steht natürlich nicht auf seiner Adresse – nur *Maison du Partage*, die Straße und die entsprechende Postleitzahl von Paris. In Deutschland muß ja nicht jeder wissen, wo er gelandet ist. Sein Wohnungsnachbar in Würzburg lebt seit Jahren in dem Glauben, er trete in kleinen Pariser Hotels auf – das macht es leichter, ab und an für ein paar Tage zurückzukehren.

Über der Suppenküche, dem Kosmos der Gestrauchelten, hängen bereits die Ausdünstungen einer Hundertschaft Abgespeister. An diesen Gestank wird Kettel sich wohl nie gewöhnen. Es ist jeden Mittag dasselbe – kaum schneidet ihm die Schwingtür die frische Luft ab, sackt die kulinarische Vorfreude vom Gaumen schlagartig ins Gedärm. Seine selbst nach fünf Jahren Penner-Dasein noch unvermindert ausgeprägte Geruchsempfindlichkeit läßt allerdings proportional zur Aufenthaltsdauer in solchen Räumen nach, auch das weiß er. Meist hilft schon ein Blick auf

171

die vorübergetragenen Tabletts. Heute gibt es Curryreis mit gegrilltem Fisch, in den Kompottschüsseln schwimmt Kochbanane in leckerer Schoko-Soße. *Très bien!*

Überschaubar auch die Schlange an der Essenausgabe. Es geht leise zu bei den Pennern, trotz des fast vollen Saales. Und es gibt selten Randale, obwohl die meisten auch mittags schon unter Strom stehen.

Das ist etwas, das ihn stets von neuem frappiert: Bestimmte, ihm aus seiner Zeit der Theater-Kantinen erinnerliche Geräusche wie kollektives Lachen oder das Heranpfeifen von Bekannten, entfällt in Obdachlosenküchen fast völlig. Es ist, als seien die Gefühlsregungen nach ein paar Jahren Randexistenz bereits auf ein Minimum geschrumpft. Bedeutend mehr Blicke fallen ins Leere als auf andere Menschen. Ins Leere oder auch nach innen. Manche dieser zahnlosen, verwitterten, mitunter noch jungen Gesichter wirken selbst dann wie erloschen, wenn ihr Mund gierig nach Essen schnappt.

Gleichgültig sind die meisten geworden, auch gegen sich selbst, ihre Beziehungen zu anderen oft nur noch kurzfristig und labil. Früher hatten sie Freunde, jetzt haben sie Kumpel, mit denen sie saufen und abhängen. An den Rändern der verzweigten Pariser Clochard-Gemeinde die beiden Extreme, auch die hat Kettel ausreichend kennengelernt – jene, die dich mit ihrer Fürsorge nahezu erdrücken, und die anderen, die echt üblen Typen, denen man zügig aus dem Weg geht ...

Im Akkord der Freundlichkeit schwenken katholische Schwestern hinter der Ausgabe ihre Kellen von Aluminiumkübeln auf Plasteteller. Kettel bittet um eine extragroße Portion.

Zur vollen Bagage nun ein volles Tablett in der

Hand, bahnt er sich seinen Weg durch Tische, deren Wachstuchdecken von Speiseresten und deren Unterkanten von Kaugummis verklebt sind.

Er steuert einen Platz am Fenster an, bleibt dann aber, als er in die schimmelpilzige Visage eines der Männer am Tisch schaut, angeekelt stehen: Der Bart vollgekleckert, die Oberlippe verrotzt ... Bevor es ihm den eben erst zurückgewonnenen Appetit wieder verschlägt, schwenkt er an den Tisch einer Negerin um, die mit dem Essen bereits fertig ist und lächelnd auf zwei prall gefüllten Plastiksäcken fläzt.

Kettel grüßt freundlich, wobei sein Blick an zwei ebenso prall gefüllten Brüsten hängenbleibt. Sein Gegenüber bemerkt es nicht, dem Lächeln der Negerin ist nicht zu entnehmen, wem es gilt.

Während er sich über Reis und Fisch hermacht, wird die Frau plötzlich von einem Erzählstrom heimgesucht. Und damit auch er. In unverändertem Neigungswinkel verharrend, den Blick im Nirgendwo gefangen, fließen Worte aus ihrem Mund, ohne Halt und Pause, Worte in einer Sprache, die er nicht versteht. Die Frau tut ihm leid. Sauber sieht sie aus, ein wenig aufgeschwemmt, aber sauber. Ein verlorenes Wesen. Wieder rutscht sein Blick auf die üppigen Brüste, und er findet nichts Anstößiges an seinem aufkommenden Verlangen, diese Brüste zu streicheln ...

Als der Sänger an seinen Arbeitsplatz in der Kunstlichtzone zurückkehren will, stockt er am Fuße der Rolltreppe: Noch ferne, doch nichtsdestoweniger bedrohliche Klänge schlagen ihm entgegen. Seine Ahnung verdichtet sich mit jedem Meter, den er im Gang zur Metro Richtung *Pont de Neuilly* zurücklegt, der Blick um die gekachelte Ecke verschafft schließlich Gewißheit: Während der Mittagspause hat die Konkurrenz von seinem Stammplatz Besitz ergriffen! Ein Flötist in slawischem Outfit wiegt sich zum Orchester aus seinem Kassettenrecorder. Kettel erkennt sofort, daß es sich bei der Musik um Vivaldi handelt.

›Merde!‹ ...

Nun bleibt ihm nur noch der Gang, und zwar der zugige Abschnitt in unmittelbarer Nähe der Rolltreppen, damit der Vivaldi und seine Songs nicht zu einer Klangsoße verschmelzen. An den Rolltreppen wird er es nicht lange aushalten. Und den Verstärker braucht er auch nicht mehr aufzubauen, dort ist es ohnehin viel zu hallig. Auf jeden Fall muß er noch Yves abwarten, wegen des Nachtquartiers ...

Den Gitarrenkasten aus der Plane schälend, beschließt Kettel, sich auch unter diesen Umständen von keiner miesen Stimmung runterziehen zu lassen. Klar ist das kein günstiger Standort, viel zu unruhig, außerdem wird man hier häufiger als Fremdenführer mißbraucht. Doch er könnte zum Beispiel noch ein paar Eigenkompositionen ausprobieren, für seine CD, die er nächstes Jahr rausbringen will.

Den Notenständer hat er noch nicht richtig aufgeklappt, als ihn der erste Tourist erspäht:

»Excuse me, please, how do I get to the catacombs?«

»The catacombs?« Kettel wirft einen fachmännischen Blick auf den Netzplan, auch die Katakomben sind für den Paris-Profi kein Problem. »Yes ... you can take the RER«, empfiehlt er in sächsisch gefärbtem Englisch, den Finger Richtung Boden bohrend, »it's one level downstairs. Take one of the both RER-lines. And here« – um *Les Halles* kerbt er einen Kreis in den Netzplan – »... here you change to the direction Orly. Then you have to go out – here, Denfert

174

Rochereau.« Aufmunternd nickt er dem Touristen zu. So richtig top ist sein Volkshochschul-Englisch noch immer nicht, doch der Mann hat ihn sichtbar verstanden.

Unerbittlich plätschert der Vivaldi herüber. ›Flöte mag ja noch gehen‹, tröstet sich Kettel. ›Pech wäre, hätte sich dort ein Bläserquintett breitgemacht ...‹ Dann würde seine Gitarre völlig abnippeln, und er könnte die Zelte gleich abbrechen.

Er stimmt sein Instrument und schluchzt zur Einstimmung einen *Beatles*-Song, der ihm zwei Franc einbringt. Danach widmet er sich eigenen Werken.

Zu seinen englischen Liedern hat er noch ein paar französische einstudiert, die er gern in Jaques-Brel-Manier bringt, um die Spendierfreudigkeit der Gallier zu erhöhen. Deutsch singt er kaum, das will in Paris keiner hören.

Eine Stunde später, vom Samt des Gitarrenkastens heben sich vielleicht zwanzig neue Münzen ab, steht Yves vor ihm.

»Hallo, geht es dir gut, mein Lieber?« Yves, ein schlaksiger Franzose so Ende dreißig, umarmt ihn wie einen Bruder. »Mit *Gare d'Austerlitz* hat es leider nicht geklappt«, sagt er bedauernd, »dort ist für heute schon alles belegt.«

»Nicht geklappt?« Kettels Mundwinkel ziehen sich ein wenig nach unten.

Fürsorglich zieht er den Freund aus dem Weg, auf dem ein Heer aus der RER-Etage heranmarschiert, nun schon wieder von Pendlern durchsetzt, die nachmittägliche Rush-hour kündigt sich an.

Yves ist die Enttäuschung nicht entgangen. »Ich hab dich in der Rue Bouret angemeldet«, tröstet er, »im Maison d'Espoir, da warst du doch auch schon ein paarmal.«

»Danke, wirklich nett von dir!« Kettel ringt um einen Blick, der Begeisterung ausdrücken soll; er will den Freund, der sich stets rührend um ihn kümmert, um keinen Preis verprellen. Doch das *Maison d'Espoir* ist nicht gerade der Renner unter den *Foyers* – fünf Mann in einem Raum. Und außerdem muß man schon um 18 Uhr da sein ...

»Tut mir leid, aber ich muß los ...« In Yves' Stimme schwingt ein wenig Unsicherheit, »... die Große von der Musikschule abholen.« Nach einem Blick auf die Ausbeute im Gitarrenkasten zieht der Franzose noch rasch einen 20-Franc-Schein aus der Hosentasche und legt ihn dazu. »Wenn du was brauchst, ruf mich ruhig an, ja? Bon courage, mon ami!«

In der Umarmung vergißt Kettel das ungeliebte *Foyer*; er verabschiedet den Freund mit einem schmetternden *Glory, glory Halleluja* ...

Einmal in Schwung, legt er gleich noch ein paar *Spirituals* nach.

»Merci! Merci beaucoup!«

Es klimpert im Kasten, die religiösen Songs kommen heute offenbar an. Nachdem eine Horde Gruftis in Kettenleibchen den Bahnsteig passiert hat, kringelt sich zwischen den Münzen eine Wurstpelle. Noch immer erleuchtet von Yves Gegenwart, sendet der Sänger den Jungs ein mildes Lächeln nach.

Yves ist einfach toll, ein richtiger Christ – selbstlos, hilfsbereit und warmherzig. Er ist Computerspezialist, arbeitet hier gleich um die Ecke.

Das empfindet Kettel als sein besonderes Glück, daß er immer wieder auf Menschen trifft, die gut zu ihm sind und ihm wirklich helfen.

Damals, in seiner Anfangszeit in Paris, hatte er hier unten gerade ein paar Spirituals aufgelegt, als der schlaksige Franzose auf ihn zukam, um ihn als Mit-

Christen zu begrüßen. Das war etwas irritierend, denn ein Christ ist Kettel nicht gerade, wenn auch ein wenig christlich fühlend. Doch ist aus der Begegnung eine Freundschaft geworden, eine Art Familienanschluß. Manchmal besucht er Yves draußen in Evry, dann tobt er mit den Kindern herum und kann auch mal ein paar Sachen unterstellen. In seinem Haus wird vor dem Essen gebetet, das Vaterunser. Und das hat Kettel eines Tages auswendig gelernt, das ganze Vaterunser – auf französisch! Er wollte dem Freund auch mal eine Freude machen.

So gegen 16 Uhr, von seinem Stammplatz dringt noch immer Flötenmusik herüber, läutet der Troubadour vom *Gare de Lyon* die letzte Runde ein.

›Es hätte schlechter laufen können‹, resümiert er beim Überschlagen der Einnahmen. Und während er den Gitarrenkasten packt, nähern sich ihm die letzten Touristen dieser Schicht – zwei schüchterne Ladys mit Stadtplan, zwei Altersstufen mit der haargenau gleichen, frisch gelockten Kaltwelle. Kettel tippt sofort auf Deutsche, und in solchen Fällen vermeidet er alles, was ihn als Landsmann identifizieren könnte. Doch diesmal läuft es anders:

»Enschuldigung«, wagt sich die Jüngere vor, »könnse uns vielleischd sachn, wie mor von hier aus zum Bodanischen Garden komm? Irschend jemand had gesacht, hier müss' mor umschdeign, de Medro nach … wohin müss' mor, Gredl? Hier, de Medro nach … Ausderlitz wär de rischdsche …« Bestätigend schüttelt die Begleiterin ihre Locken.

»Nu klar kannsch Ihn' das sachn«, outet sich Kettel aus einem spontanen Impuls heraus, der vertraute Singsang hat überraschend an sein verschüttet geglaubtes Heimatgefühl gerührt.

»Kommse etwa aus Sachsen?«

Durch den Gang hasten die Pendler.

»Nu klar komm isch aus Sachsn!«

Die beiden Ladys starren den Mann an, als stünde der leibhaftige Erich Honecker vor ihnen. »... Also«, faßt sich die Ältere, die Gretl heißt, als erste, »mir komm aus Birna, das liescht bei Dresden ...«

»Und isch komm aus Meißen, das liescht ooch bei Dresden – bloß off dor andern Seide ...«

»Nee, das kann ni wohr sein ...« Mit einer Miene, als wolle sie losweinen, schlägt die Jüngere die Hand vor den Mund. Dann gehen die Gesichter der beiden Sächsinnen auf wie Honigkuchen.

»Ä Landsmann, Gredl! Nee, das kann ni wohr sein ... Und was machnse hier?« Der Ton hat eine vertraute Färbung angenommen, »Ä bissel Urlaubsgeld vordien?«

»Nu klar ...« Kettel nickt, ohne mit der Wimper zu zucken, will aber dieses Thema nicht weiter vertiefen.

»Also, off jedn Fall sinnse hier falsch.« Er neigt sich über den Stadtplan und macht sich daran, den beiden den Weg zu erklären.

»Mir sinn mid dor Reisekrubbe hier ...«, entschuldigt sich die Jüngere, deren Locken beim gemeinsamen Blick auf die Karte Kettels Wange streifen. »Mid 'm Dui-Bus – ohr bloß zwee Dache, das is gans scheen kurz.«

»Hier hamse bissel was«, unsicher beginnt Gretl, in ihrer Börse zu kramen.

»Nee, um Goddes Willn, lass'n Se bloß schdeggn – für zwee so nedde Ledies aus Sachsn würd' isch gans Baris umsonst erklärn ...«

Das ist zwar etwas übertrieben, doch weit entfernt von einer Lüge. Kettel ist das Herz aufgegangen. Er-

178

innerungen, mitunter Jahrzehnte zurückliegend, wehen ihn an – seine *Elvis-Zeit* in Meißen, die ersten *Mucken* als Alleinunterhalter. Das war ja sein DDR-Publikum, genau solche Frauen wie die beiden – gemütlich, nett, etwas tratschsüchtig und mit kleinen Dauerwellen. Wenn die zum Frauentag im Rudel auftraten, konnten die Liedtexte gar nicht schlüpfrig genug sein, da wurde gekreischt, was die Stimmbänder hergaben ...

»Also, hammse gans herzlischen Dang!« Die Jüngere ist nach Kettels akribischer Beschreibung überzeugt, daß zu soviel Hilfsbereitschaft und Bescheidenheit nur ein Ossi fähig ist. Gretl schüttelt ihre Kaltwelle.

»Wissnse was? Jetz schbiel isch ä Lied – nur für Sie! Und wie gesacht, wiedor rundor zur RER, und dann an dor Bastije umschdeign, in de Fünfe ...«

Kettel holt ein letztes Mal sein Instrument heraus, zieht die E-Seite nach und stimmt mit federndem Tenor *Die Gedanken sind frei* ... an.

Die Damen aus Pirna sind gerührt und verlegen zugleich, denn sie wissen nicht recht, ob sie nun gehen oder bis zum Liedende stehenbleiben sollen.

»Also ... alles Gude«, bereitet die Jüngere schließlich den Abgang vor, »und nochn scheen Urlaub ...« Sie winkt, die Hand verdeckt in Schulterhöhe. Kettel wirft den beiden einen formvollendeten Handkuß zu.

Na, war das nicht ein herzerfrischendes Finale? Erst Yves, dann dieser Gruß aus der Heimat ... Kurz, nachdem die Ladys aus Pirna weg sind, packt er endgültig seine Bagage zusammen. Die gute Laune hat ihn wieder.

Bevor er den Bahnhof Richtung Place de Nation verläßt, kämpft er sich zur Rolltreppe durch, um oben noch mal am Zeitungskiosk vorbeizuschauen. Dort tauscht er die Hälfte der Münzen ein, leistet sich eine BILD-Zeitung und blättert noch rasch zwei französische Journale durch nach seiner Lieblingssängerin – Celine Dion. Er darf das, die Kiosk-Besitzerin kennt ihn seit Jahren. Ihr Kofferradio war es doch, aus dem er damals diese phantastische Stimme zum ersten Mal hörte, von der noch niemand redete. Das war 1996. Und Kettel wird nie vergessen, wie er sich plötzlich an der *Süddeutschen* festhielt, die er gerade las, und Gänsehaut bekam ... Er hat Celine Dion viel früher entdeckt als die Produzenten des *Titanic*-Films. Und sich seitdem jede CD von ihr gekauft, die teuren Scheiben im wahrsten Sinn des Wortes vom Mund abgespart.

Celine ist Kettels große platonische Liebe. Wenn er in seine Würzburger Bude zurückkehrt, leistet er sich einen Weißwein, macht es sich auf dem Sofa bequem und legt sämtliche CDs von ihr auf. Dann heult er Rotz und Wasser, eine Art reinigendes Ritual: *My heart will go on* ... der *Titanic*-Song: Allein die Harfe, die treibende Flöte, der Trommelwirbel, bevor die Streicher ins *Crescendo* schwellen und Celines Stimme seine Bude in einen Saal voller Kerzen verwandelt ...

... *You're here, there's nothing I fear* ... – wie sauber sie den Schlußton hält, der helle Wahnsinn! Celines Stimme ist ... Nein, nie würde unser Clochard mit Format das Wort *geil* benutzen. Er würde es nicht einmal denken – Kettel ist kein *Schwanzmensch*, sondern ein *Herz- und Schmerzmensch*. Deshalb steht eines für ihn fest: Er wird sich niemals den *Titanic*-Film ansehen! Weil er dann drei Stunden lang Rotz und Wasser heulen würde, nicht auf seinem Würzburger Sofa, sondern unter wildfremden Menschen.

Vielleicht würde er auch heulen, weil diese Untergangsstory etwas mit ihm zu tun hat – wenn einem die Frau wegläuft in der schlimmsten Phase des Lebens, ist das ja auch wie ein Untergang ...

Sein Durchforsten der Journale bleibt ohne Erfolg. In der Bahnhofshalle patrouillieren noch immer die Flics. Vorbei an der Front der Fahrkartenschalter, an deren Scheiben Warnschilder kleben, sein eigenes Gepäck nicht unbeaufsichtigt zu lassen sowie kein fremdes zu berühren, sondern unverzüglich die Polizei zu benachrichtigen, fährt er mit der Rolltreppe wieder hinunter, in den *Bauch von Lyon*. Diesmal jedoch bis in die unterste Etage. Er will die RER zum Place de Nation nehmen und dann gleich Richtung Rue Bouret fahren. Anderthalb Stunden bleiben ihm noch bis 18 Uhr – Zeit zum Luftschnappen und Beinevertreten, am Canal Saint Martin, der auf dem Weg dorthin liegt.

Als er am Place du Colonel Fabien ins Freie tritt, hängt über der Stadt noch immer das bleierne Grau. Kettel beschließt, sich in einem Tunesierlädchen die Belohnung für den durchgestandenen Werktag zu holen. Vorsichtig zieht er seine Bagage durch einen Tunnel aus Lederröcken und Porzellan, Filzkappen, Stickereien und kitschigen Öllampen, die aus Karthago stammen sollen.

Weihnachtsduft schlägt ihm entgegen, es riecht nach Anis und Zimt. Zwischen Säckchen mit Kreuzkümmel und knorrigen Ingwerwurzeln macht Kettel ein zerfurchtes Wüstengesicht aus, das keinerlei Regung zeigt, als der sperrige Gitarrenkasten des Kunden einen Birnensaftturm zum Einsturz zu bringen droht.

Der Kunde gönnt sich eine Prise Orient. Mit Minzstange und Trockenfrüchten versehen, schiebt er die Bagage rückwärts durch das vollgestopfte Morgenland.

Noch ist er guter Laune. Auf dem Weg zum Canal Saint Martin gibt er sich, den Rolli geschickt um Pfützen dirigierend, zunächst dem Genuß der Minzstange hin. Am Wasser legt er eine Pause ein, um Aprilluft in seine Lungen zu pumpen, dann legt er ein Tempo vor wie Turnvater Jahn. Auf dem Canal frösteln Touristen; die Boote, die sich an der alten, mit einer Eisenbrücke überdachten Schleuse stauen, sind trotz des miesen Wetters vollbesetzt.

Die Schleusen ... Auf seinen Rhein-Main-Fahrten war ihm anfangs in den Schleusen ständig der Stromkreis zusammengebrochen. Er hatte gespielt, das Schiff war in die Schleuse gefahren und plötzlich war Schluß. Wenn er Pech hatte, war ein Keyboard durchgeknallt. Ehe er das begriffen hatte! Ehe er begriffen hatte, daß er für Schleusen einen Spannungsregler brauchte, weil die Stromspannung niedriger wird, wenn die Motoren langsamer arbeiten, war ein Haufen von Reparaturkosten aufgelaufen und seine Frau längst stocksauer.

Ob sie schon bei ihrem Freund wohnt?

Kettels Frau ist bei der UFO-Sekte gelandet. Beim ersten Treffen war er noch mit, in einer bayrischen Kleinstadt. Und ein bißchen hatte auch ihn der Gedanke fasziniert, daß da irgendwo Außerirdische existieren sollten. Doch dann hob seine Frau in Meditationen ab, ihre Welten klafften zunehmend auseinander. Sie hing über *Alien*-Büchern oder auf Wochenendseminaren herum – und er steckte mit 25 000 Mark Schulden im Finanzloch. Dagegen halfen keine Meditationen.

Trotzdem hätte er seine Frau nie verlassen, nicht

einmal, als das mit der UFO-Sekte etwas sehr heftig wurde. Als das Warten auf die Ankunft der Aliens sie nach Israel trieb, weil sie genau dort landen würden – allerdings nur, wenn Frieden auf Erden herrschte. Seine Frau war schon immer etwas leichtgläubig, was damit angefangen hatte, daß sie in die SED eintrat.

Nun steht ihm plötzlich das Bild vor Augen, wie sie sich im vollbesetzten Bus der Freigekauften in den Armen lagen, 1987, nach einem Jahr Haftschikanen, einem unendlichen Jahr der Trennung. Wie sie eng umschlungen die Flutlichtanlage der Grenze passierten, wie kurz hinter dem Stacheldraht ein West-Beamter in den Bus stieg und die Insassen in Jubel ausbrachen ... Nie hätte er sich vorstellen können, daß zwei, die einen solchen Moment gemeinsam erlebt haben, sich jemals wieder trennen könnten.

Und ist man nach zwanzig Ehejahren nicht miteinander verwachsen? Sie hatte ihm die Hosen gebügelt, seine Werbung gemanagt und ihm die Haare geschnitten. Gebügelte Hosen und Werbung spielen keine Rolle mehr, doch befindet sich sein Schopf in permanent mediterraner Unordnung, seit sie ihn verlassen hat.

Tief in Gedanken versunken, prallt Kettel fast auf einen Motorradfahrer, der im Schrittempo seinen Weg kreuzt, Blick und Saugvorrichtung auf möglichen Hundekot fixiert.

»Oh, excusez moi!«

Einen Moment lang bleibt er verwirrt stehen. Es war dieser eher zufällige Gedanke an seine Frau, der die schmerzhaft verästelte Vergangenheit heimtückisch ins Bewußtsein gezerrt hat, die Bilder von Verhaftung und Freikauf, seinem *Erzieher* im Knast und dem freundlichen Händedruck seiner Frau beim

Abschied ... Als der Place de Stalingrad vor ihm auftaucht, hat er vergessen, seine Tageseinnahmen zu zählen. Von der Beschwingtheit, mit der er am Morgen die Umsteiger im *Gare de Lyon* begrüßte, ist nichts geblieben.

Im Gegenteil. Das *Maison d'Espoir,* auf das er kurz nach 18 Uhr zusteuert, verschärft seinen Defätismus. Im *Foyer* steuert er – vorbei an einem colorierten Christusbild, unter dem die Hausordnung angeschlagen ist – zielgerichtet auf die äußerste rechte Ecke zu, ein Sechsbett-Zimmer, das er als ruhig in Erinnerung hat. Es ist erst zur Hälfte belegt, doch leider zur besseren Hälfte: Auf allen drei oberen Doppelstockbetten signalisieren Gepäck und schmuddelige Einkaufstüten, daß die *belle etage* durchgehend okkupiert ist. Wer seine Mitinsassen für diese Nacht sind, ist noch nicht auszumachen, auf der anderen Seite des Hauses ist bereits die Abendbrotausgabe im Gange.

Entschlossen schiebt der Deutsche seinen Rolli neben das Eisengestell, das dem Fenster am nächsten steht. Und sorgt, bevor er sich auf dem Lager einrichtet, auf dem man dem Furzen und Wichsen des über ihm liegenden Bettgesellen nur im Tiefschlaf entgeht, erst mal für Frischluft. Dann breitet er Schlafanzug und Kulturbeutel auf dem karierten Überzug aus. Den Gitarrenkasten schiebt er zwischen Wand und Eisengestell, bindet ihn zur Sicherheit noch am Bettpfosten fest.

Merkwürdig ... Der Fußboden ist blankgebohnert, die Betten frisch bezogen und für jeden liegen zwei Handtücher bereit – wieso erinnern ihn Räume mit Doppelstockbetten, Tisch und Spind immer an Betriebsferienlager? Nein, der Renner unter den *Foyers* ist das *Maison d'Espoir* nicht, doch Kettel tröstet sich

184

damit, daß er sich gleich morgen mit Hilfe von Yves erneut im *Gare de l'Est* voranmelden wird.

»Bonsoir!«

Ein Araber schlendert herein, der sich offenbar im Haus geirrt hat – Lackschuhe, enge Hosen und ein brunftiger Gang, der hier garantiert ins Leere stößt. Selbst die Reisetasche scheint aus feinerem Leder.

»Bonsoir!« gibt Kettel freundlich zurück. Der Araber richtet sich im Unterbett an der Tür ein. Als Kettel zum Abendbrot geht, durchquert er eine Parfümwolke.

Nach dem Essen schließt einer der neuen Zimmergefährten, von seinem Laster bereits sichtbar gezeichnet, die Tür und holt trotz strengen Alkoholverbots einen in Lumpen gewickelten Flachmann aus der Einkaufstüte – einen größeren. Kettel winkt dankend ab, desgleichen der Araber, dem die Flasche ohnehin nur zögerlich hingehalten wurde. Die anderen lassen sich nicht lange bitten, vor allem ein Jugendlicher mit langen, fettigen Strähnen, bei dem Kettel Einstiche im Arm vermutet und der ausgerechnet das Bett über ihm belegt. Die Prozedur kennt er zur Genüge: Heimlich saufen, fernsehen und wieder saufen. Wer einmal drin ist im Haus, darf nicht mehr auf die Straße, und die Alkoholkontrollen fallen oft lax aus.

Der ehemalige DDR-Bürger hält diese nächtlichen Zwangsgemeinschaften tapfer durch – nur, wenn einer im Zimmer zu rauchen anfängt, da wird er rebellisch. Und schließlich birgt die Kenntnis des Ablaufs für ihn auch einen Vorteil: Ihn interessieren weder Saufen noch Fernsehen, er bevorzugt ein sauberes Waschbecken, dazu Duschen und Klos, die noch nicht versifft sind.

Also schnappt er sich unmittelbar nach dem

Abendbrot seinen Kulturbeutel und verschwindet im Waschraum.

Im Zimmer erwartet ihn trotz des offenen Fensters ein strenger Geruch von Fusel, Schweiß und Parfüm. Doch nur den Araber findet er vor – auf seiner Pritsche liegend, in voller Montur und mit offenen Augen, die Füße samt Lackschuhen auf der Querstrebe des Bettgestells gelagert. Der Rest hat sich bereits in den Fernsehraum verzogen.

Kettel stellt seinen Wecker wie jeden Abend auf 4 Uhr. Dann kramt er die BILD-Zeitung aus der Tasche und richtet sich im Bett ein, um sich durch Schlagzeilen zu rascheln, die eine Ablenkung von seinen trüben Gedanken versprechen. ... Daß wir bald alle 200 Jahre alt werden können, das hebt seine Stimmung kaum mehr als die Meldung von neuen Hinrichtungen im Irak. Es ist ein Artikelchen aus Frankreich, das tröstend auf sein Gemüt wirkt:

Ein ehemaliger deutscher Wehrmachtssoldat hat nach 55 Jahren einen Diebstahl wiedergutgemacht und einer Französin einen Schinken als Entschädigung für den geschenkt, den er ihr 1944 gestohlen hatte ... Na also, très bien, solche Menschen gibt es eben auch.

Im Flur krachen die Türen. Der Araber liegt unverändert, nun allerdings mit geschlossenen Augen. Kettel schiebt die Zeitung unters Bett und dreht sich zur Wand.

Nein, es gibt keinen Grund zur Larmoyanz, selbst in diesem schweiß- und fuselgeschwängerten Raum lebt es sich noch wie Gott in Frankreich. Er hat genug kennengelernt, vom Fünf-Sterne-Hotel bis zum Luftschachtgitter über der Metro. Und in Paris kommt über die Runden, wer einmal den Härtetest bestanden hat.

Der bot sich für Kettel im November und Dezember 1995, als der große Streik im öffentlichen Dienst ausbrach – sechs Wochen, in denen weder Bahn noch Bus noch Metro fuhren, und selbstverständlich auch sein Arbeitsplatz im *Gare de Lyon* mit dicken Vorhängeschlössern verrammelt war.

Damals war er gerade ein halbes Jahr in Paris, und es war die bitterste Zeit seines Clochard-Lebens: Ohne Arbeit und damit ohne Geld, ein Fremdling in einer Stadt, die zum ewigen Spaziergang einlädt – nur nicht in diesem saukalten Winter 1995.

Ganz Paris war lahmgelegt, die Boulevards voller Menschen, die versuchten, per Anhalter zu ihrem Arbeitsort zu gelangen.

Er war gerade bei der Heilsarmee untergekommen, deren Zimmer eigentlich wie überall bis 8 Uhr zu räumen waren. In dieser Zeit aber blieben die *Foyers* offen, wo hätten die Clochards auch hingehen sollen?

Das Gesindel ging ihm wahnsinnig auf den Geist mit seinem Saufen und Herumlümmeln, und er erinnert sich, damals eine tiefe Sehnsucht nach seiner Würzburger Bude verspürt zu haben, einem Ort, an dem er allein sein, bei Kerzenschein Weißwein trinken und seine alten Platten hören konnte. Nach Bücherregalen, in denen in sorgsam geordneten Mappen seine Vergangenheit abgeheftet war, neben den Heftern von *Melodie und Rhythmus* auch das Gesamtwerk von Schiller und Robert Merle.

Statt dessen vegetierte er zwischen Gestalten, die neben die Kloschüssel pißten und ihren Auswurf im Waschbecken nicht wegspülten. Und die »Heil Hitler!« riefen, wenn er verlangte, sich in einem sauberen Waschbecken die Zähne putzen zu dürfen. »Deutsch gut Geld!« und »Heil Hitler!« – das war die ganze Kommunikation mit ihm.

Verzweifelt versuchte er damals, wenigstens am Tage wegzukommen, im Freien zu spielen, was zwecklos war, weil nicht nur die Geschäfte geschlossen waren, vor denen er stand, sondern die Spender selbst als jämmerliche Gestalten durch die Straßen irrten.

Er hatte Hunger und blieb dann einfach liegen, um Kräfte zu sparen. Was hätte er tun sollen, betteln wie die andern? Niemals! Sich irgendwo hinstellen und einfach die Hand aufhalten, das würde er niemals fertigbringen. Also lag er tagelang auf seiner Pritsche und las Schiller, heulte, schrieb Briefe und heulte ...

Er war abgeschnitten von der Welt, und von Woche zu Woche rutschte sein neugewonnenes Freiheitsgefühl in Richtung Depression. Seine Frau meldete sich nicht, die Post war geschlossen, er fühlte sich völlig verlassen. Und dann erwischte ihn auch noch die Grippe.

Irgendwann war seine Verzweiflung so groß, daß er sich von seiner eisernen Reserve Schlaftabletten kaufte, um Schluß zu machen. Das war vor dem 19. Dezember, dem Tag, an dem er Geburtstag hatte.

Wäre Yves nicht gekommen, wer weiß, ob er die Schlaftabletten nicht doch genommen hätte. Yves, der mit einer Geburtstagstorte vor ihm stand und ihm noch 100 Franc gab, damit er sich etwas zu essen kaufen konnte.

Er war erschienen wie der Messias, und danach ging es spürbar bergauf. Zwar zog sich der Streik noch eine Weile hin, selbst über Weihnachten, doch über diesen Krisentag half ihm dann schon die Heilsarmee weg: Es wurde gefeiert im *Foyer*, mit Liedern und richtigem Glühwein. Und es gab noble Geschenke – für Kettel ein kleines Kofferradio, mit dem er auf seiner Pritsche Musik hören konnte.

Es war sein erstes Weihnachten in Paris.

Mit dem Gesicht zur Wand hört Kettel den Araber aufstehen und in seinem Gepäck kramen. Hört ihn das Zimmer verlassen, nachdem er freundlicherweise das Licht gelöscht hat. Er nutzt die Gunst des Alleinseins für einen nochmaligen Kontrollblick zum Wekker. Dann rollt er sich zum Schlafen zusammen – im Bewußtsein, daß es ihm schon wieder viel besser geht. Er sollte nach vorn denken und sogar eine Rückkehr nach Deutschland nicht ausschließen.

Sein Leben lang war er zu weich, um Konflikte auszuhalten. Nur ein einziges Mal war er radikal geworden, und selbst das war noch aus der Verzweiflung geboren – 1986, als er nach zwei Jahren Ausreiseantrag auf der Abteilung *Inneres* drohte, bei der nächsten Wahl seinen Stimmzettel zu zerreißen. Die geplante *Diffamierung der DDR* brachte ihm zwei Jahre ein, von denen er die Hälfte absaß, bevor er mit seinem Freikauf die Devisenkasse der DDR füllte. Doch die wahre Radikalität hatte sich auf dem Klo der Abteilung *Inneres* entfaltet, wo er – da gleich an Ort und Stelle verhaftet – die Telefonnummern seiner Freunde und seiner zehn Gitarrenschüler auffraß, bevor sein Notizkalender in Stasi-Hand überging. Das war der Moment, in dem er einen Hauch von Widerstand verspürt hatte.

Doch sonst? Seine Lieder waren unpolitisch, er wollte die Zuhörer erheitern, sonst nichts.

In fünfzig Jahren ist alles vorbei ... hatte er früher mal in einem Lied von Otto Reuter gesungen. Ein prophetisches Lied, nicht nur für die DDR. Es gilt auch für ihn ... und seine Frau, die wohl bis zu ihrem Lebensende vergeblich auf die Ankunft der Aliens warten wird. Nicht für das Würzburger Finanzamt, dessen Mühlen auch in hundert Jahren noch mahlen werden – wohl aber für die Verjährung seiner Schulden.

189

Er sollte Kontakt aufnehmen und seine Schulden zahlen, in winzigen Raten. Dann könnte er nach Deutschland zurück und erst mal Sozialhilfe beantragen. Und in seinem Zimmer sitzen und Céline Dion hören.

Die Kunst geht nach Brot ist der letzte Satz, der den Clochard mit Format vor dem Einschlafen erreicht. Doch zieht nicht Lessing an seinem Auge vorbei, sondern Yves, im gekachelten Gang, mit der Geburtstagstorte ...

Die Schweizerin

I.

Kehren wir noch einmal nach Paris zurück. In eine Zeit, da bei den Alemannen nichts auf den baldigen Fall der Mauer hinweist und auch Kettel in Süddeutschland noch auf der Siegerstraße wandelt. Wir schreiben den 14. Juli 1989, und die Hauptstadt Frankreichs befindet sich im Ausnahmezustand: Paris feiert den 200. Jahrestag der *Grande Revolution!* Hunderttausende Sansculotten treten das Juli-Pflaster, der große Mythos zerfließt im Schweiß. Fernab pompöser Festlichkeiten, irgendwo inmitten der Menschenströme zwischen Place de la Concorde und Bastille, können wir unter den Spät-Revolutionären auch Hella ausmachen, eine 20jährige Katholikin aus der Schweiz. Hella tanzt nicht einfach auf der Straße, Hella tanzt auf der Achse einer neuen Weltrevolution, was soviel heißt, daß sie jetzt erst mal ihre Schulferien ganz eigenmächtig verlängern wird. Denn was sind drohende Klausuren gegen Freiheit, Gleichheit, Brüderlichkeit, gegen Straßentheater und Marseillaise?

Sie ist mittendrin in der Performance, mittendrin im Umbruch zu einer neuen Zeit: *L'art vivant – c'est nous!* ruft sie trotzig mit Tausenden von Gleichgesinnten, ein Schwyzer Pünktchen zwischen Fotografen und Journalisten, Ganoven und Kokarde-Bummlern aus *tout d'Europe*.

Daß ihr die Revolution so heftig in die Glieder

fährt, hat Gründe: Zunächst spürt die Helvetierin schon seit Jahresbeginn das Wetterleuchten einer neuen Zeit – in der ökumenischen Bewegung, in Osteuropa … Paris ist halt der Punkt aufs »i«. Hinzu kommt: Hella stammt nicht einfach aus der Schweiz, sondern auch noch aus Schwyz – jenem Urschweizer Kanton, der so geschichtsbeladen ist, daß der Blick seiner Bewohner nur selten über Tellapfel-Höhe hinausschweift. Am wenigsten in Richtung Weltrevolution. Das steigert Hellas Bewegungsdrang, seit Jahren schon.

Aufgewachsen mit den Komplexen eines Völkchens, dem ein ulkiges Dytsch anhaftet, einer eidgenössischen Hartleibigkeit, die das Fremde fürchtet und Ressentiments gegenüber dem bedrohlichen Deutschland, bleibt Osteuropa für sie lange etwas Unbekanntes.

Das ändert sich, als ein Priester der Heimatgemeinde die schmale, etwas nervös wirkende 17jährige Mitte der achtziger Jahre zu einer Pilgerfahrt mitnimmt – es geht nach Taizé, einem Dorf im französischen Burgund.

Hella eröffnet sich eine bis dahin unbekannte Welt.

Nicht nur auf sie übt der Ort eine magnetische Wirkung aus: Christen aller religiösen Strömungen kommen hierher, in eine Kirche, in der sich evangelische, katholische und orthodoxe Liturgie mischen, in der Jugendliche mit Jeans gemeinsam mit bewandeten Ordensbrüdern in mystische Gesänge vertieft sind, oft bis in die Nacht hinein.

In diesem romanischen Dorf findet sie innere Ruhe, vollzieht sich der Bruch mit ihrer heilen und doch unaufrichtigen Welt. Hier kommen Menschen zusammen, die der Inflation der Worte die Stille vorziehen. Wochen verbringen sie an diesem abgelegenen Ort miteinander, bei einfacher Kost, Gebet und Meditation, bei Schweigen und Gesprächen, in denen ein babylonisches Sprachgewirr die Burgunder Enklave durchzieht.

Taizé wird Hellas Gegenwelt zur Wettinger Wirtschaftsfachschule, die sie nun besuchen muß – drei Jahre Fremdheit, die sie ableidet, will sie doch weder Sekretärin werden noch Bankangestellte noch Versicherungsvertreterin.

Im Gründer der Taizé-Bewegung, dem Schweizer Frère Roger, findet Hella einen geistlichen und geistigen Vater. Er prägt die Atmosphäre von Toleranz, Zuneigung und Aufrichtigkeit, die sie verinnerlicht. Sie lernt, daß die Christengemeinschaft universal ist. Und verbringt nicht nur die Kamingespräche während der langen Winterabende zu Füßen des Taizé-Gründers, sie begleitet ihn auch zu Jugendmeetings nach London, Rom und Paris. Pendelnd zwischen Schwyz, Burgund und der weiten Welt, wird die Schule für sie immer nebensächlicher.

Und so nähern wir uns dem Schnittpunkt unserer Vereinigungsgeschichte: Taizé öffnet Hella den Blick nach Osteuropa – die ökumenische Bewegung fällt östlicherseits mit der *Perestroika* zusammen, und der Mann in Moskau heißt Gorbatschow.

Die Träume des Taizé-Gründers zielen noch weiter als die des neuen Kreml-Chefs; er träumt von einem gemeinsamen Europa, wozu auch die Befreiung der kommunistischen Länder vom Stacheldraht gehört. Auch daher rührt wohl seine Anziehungskraft auf Polen und Tschechen, die in Busladungen nach Burgund kommen. Eindringlich vermitteln sie die fremde Welt des Ostens, das Leid in einem System, dem die meisten Jugendlichen entfliehen wollen. Sie sehen anders aus, diese Tschechen und Polen – und sie sind leidenschaftlicher als die Gleichaltrigen aus dem Westen. *Ostkirche* ... das Wort hat etwas Mystisches, Legendenumwobenes. Und soviel begreift sie: Die *Ostkirche* ist eine des Widerstandes. Europa heißt eben nicht nur Rom, Paris oder London: Es heißt auch Warschau, Prag und Berlin.

Klar, daß Hella sich zunehmend für die DDR interessiert. Deren Jugendliche dürfen zwar nicht selbst kommen, doch gibt es bereits Kontakte zu kirchlichen Gruppen. Was von ihnen an Informationen herausgeschmuggelt werden kann, wird in Taizé stets öffentlich verlesen. Als Frère Roger 1988 in die DDR einreisen darf, um den konziliaren Prozeß *Frieden, Gerechtigkeit und Bewahrung der Schöpfung* voranzubringen, will Hella natürlich mit – ihr wird das Einreise-Visum verweigert.

Was ihr bleibt, sind Presse und Fernsehen. Und so stößt sie beim Durchblättern der *Süddeutschen* plötzlich auf ein sympathisch bescheidenes Ost-Gesicht: Hans Modrow, der Hoffnungsträger – eine sozialistische Vaterfigur.

Hella ist hingerissen. Den Artikel liest sie gleich zweimal, Hans Modrow landet ganz oben in ihrem Politik-Ordner.

Und auf einmal mündet diese ganze ökumenische Bewegung in das Jahr 1989, beginnt Osteuropa aufzubrechen, tanzt in Paris die Französische Revolution. Daß noch vor Jahreswechsel auch die eingesperrten Deutschen auf der Mauer tanzen werden, kann die junge Schweizerin nicht ahnen. Doch sie spürt die revolutionäre Stimmung in Europa. Also läßt sie sich mitreißen vom großen Spektakel und klinkt sich als Victor-Hugo-Figur mit Jakobinermütze spontan in ein Straßentheater ein. Am Morgen nach dem Jahrhundertfeuerwerk erwacht sie, zart angetrunken, an einer Hecke der Tuilerien; die Morgensonne zieht herauf, und vor ihr im Rasen steckt ihre Trikolore, das ultimative Signal zum Aufbruch. Ja, mein Gott, die Prüfungen ... Wie aber soll sie sich auf Gestern konzentrieren, wenn in Europa soeben das Morgen anbricht?

So spielerisch revolutionär wie in Paris ist die Sommerstimmung im alemannischen Norden keineswegs. Doch kündigt sich auch hier das Morgen an: Der *Aufrechte Gang* hat die Ostdeutschen infiziert.

Im Mai wurde erstmals seit Jahrzehnten gegen die DDR-üblichen Wahlfälschungen protestiert. Boykott-Aufrufe und eine landesweite Kontrolle der Stimmenauszählung durch eine sich allmählich formierende Opposition erschütterten die Funktionäre von SED und Staatssicherheit.

Mag sein, daß die junge Schwyzerin während dieser Tage ausnahmsweise über ihren Hausaufgaben saß. Vielleicht gestaltete sie gerade den ökumenischen Höhepunkt in Basel mit oder war mit Frère Roger auf dem Weg nach Aachen, wo der Taizé-Gründer den Karlspreis erhielt.

Auf jeden Fall entging ihr, daß das sympathischste Gesicht des Sozialismus schon von Amts wegen in die Wahlfälschung verstrickt war. Ihr entging, daß sich Hans Modrow als erster DDR-Politiker nach dem chinesischen Massaker auf den Weg nach Peking machte: Die blutige Niederschlagung der Demokratiebewegung in China war bereits von zynischen Kommentaren der SED-Medien flankiert worden, die Opposition der DDR reagierte mit Protestaktionen. Demonstrationen vor der chinesischen Botschaft in Ostberlin zogen Verhaftungen, Knüppelorgien, brutale Verhöre nach sich – und eben jene Sympathie-Reise des Genossen Modrow zu den Mördern nach Peking.

Mag sein, daß die Vorgänge im Alpenland nicht ankamen. Auf jeden Fall aber wird die quirlige Katholikin zum Opfer eines bundesdeutschen Politzynismus: Im September, sie will sich gerade auf den Weg nach Prag machen, taucht ihr DDR-Held in der FAZ wieder auf – nicht als Wahlfälscher oder Verteidiger des chinesischen Massakers, sondern als deutscher Gorbatschow. In Stuttgart wird er wie ein Staatsmann begrüßt, wird großzügig empfangen von Oberbürgermeister und SPD. Hella ist glücklich. Und stolz darauf, fast die einzige in ihrer Umgebung zu sein, die den Hoffnungsträger der Demokratie schon länger kennt.

Selbstverständlich steht sie auf Seiten der Opposition – also auf Seiten von Kirchengruppen, Vaclav Havel und Hans Modrow. Und den würde sie am liebsten persönlich kennenlernen.

Doch erst einmal geht es nach Prag – dorthin, wo soeben der Funke der Demokratie auf die Bevölkerung überspringt. Wie schon in Paris ist die Schweizerin auch diesmal mittendrin. Sie erlebt, wie kleine Unterschriftenaktionen der *Charta* 77 zur Lawine anwachsen, auf dem Wenzelsplatz die erste Großkundgebung der Opposition steigt, die Bewohner Prags hin- und hergerissen sind zwischen Angst und Euphorie. In der *Laterna Magica* drucken Künstler, rauchend wie ein Kollektiv Schlote, Plakate und Presseerklärungen. Internierungsgerüchte durchziehen die Stadt, Hausdurchsuchungen nehmen zu. Die tschechischen Machthaber reagieren von Tag zu Tag hysterischer. Daß gerade in dieser Zeit DDR-Bürger die Prager Botschaft besetzen, um in den Westen zu gelangen, entsetzt sie – wieso wollen die gerade jetzt weg, wo es endlich losgeht im Osten?

Von dem, was sich Anfang Oktober nördlich der ČSSR ereignet, bekommt der Journalisten-Troß, der sich um Havel und Dubček schart, kurz darauf Wind: Der DDR steht die blutigste Woche des Wende-Herbstes bevor!

Vor allem in Sachsen droht der Unmut der Bevölkerung zu eskalieren. Das Gerücht ist im Umlauf, die acht Züge mit den mehr als siebentausend Prager Botschaftsflüchtlingen würden Dresden, Karl-Marx-Stadt und Plauen passieren. Menschenmassen strömen zu den Bahnhöfen, die meisten, um zu schauen und zu winken, andere mit dem Ziel, auf die durchfahrenden Züge aufzuspringen. In der Nähe des Dresdner Hauptbahnhofes kommt es am Nachmittag des 4. Oktober zu ersten Demonstrationen, am Spätabend umlagern schon Tausende das Gelände, Sprechchöre fordern die sofortige Ausreise.

Polizeieinheiten rücken an, mit Wasserwerfern und Tränengas. Mit Stahlruten und Gummiknüppeln werden Demonstranten krankenhausreif geschlagen, verhaftet, in Polizeikasernen und die Bautzener Haftanstalt transportiert und dort tagelang mißhandelt. Zu ähnlich scharfen Übergriffen auf die Zivilbevölkerung kommt es in mehreren Städten Sachsens. Die Aktionen stehen unter der Schirmherrschaft des Genossen Modrow, der als SED-Chef des Bezirkes nicht nur das brutale Vorgehen billigt, sondern zusätzlich Armeeverbände anfordert.

Der sächsische Terror wird zum Fanal, die Opfer der

Diktatur sprengen ihre Erstarrung aus Jahrzehnten. Daß Kampfgruppen und Stasi-Leute in Zivil Gebäude absperren, um Lesungen zu verhindern, daß es immer wieder zu Massenverhaftungen und Gewaltausbrüchen kommt, kann den Akt der Befreiung nicht mehr aufhalten: Das Land blüht auf unter Friedensandachten, Fürbittgottesdiensten und Versammlungen des *Neuen Forums*, unter Schweigemärschen mit brennenden Kerzen und Diskussionsforen zu Umwelt- und Bildungsproblemen. *Freiheit* wird als gepinselte Losung zur Zierde verfallener Häuser. Die Belegschaft der Meißener Porzellanmanufaktur tritt aus Protest gegen die Schließung der Grenzen zur Tschechoslowakei in den Bummelstreik, das Ensemble des Staatstheaters Dresden wendet sich am 6. Oktober mit einem Aufruf an die Zuschauer und fordert das Recht auf Information, Pluralismus und Reisefreiheit. Am darauffolgenden Tag gründet sich in Schwante eine *Sozialdemokratische Partei* ...

Die Zeit der Friedhofsruhe scheint endgültig vorüber, und auch in der DDR reagieren die Herrschenden hysterisch. Als Leipzig am Sonntag, dem 8. Oktober, die größte aller bisherigen Montagsdemos vorbereitet, befiehlt MfS-General Mielke die *volle Dienstbereitschaft* aller 90 000 hauptamtlichen Stasi-Kräfte, dazu die Mobilisierung der 170 000 Spitzel im Land – geplant ist die Isolierung aller *Konterrevolutionäre*.

Auch in Dresden spitzt sich an diesem 8. Oktober die Lage erneut zu. Am Nachmittag versammeln sich vor der Semperoper Tausende zum friedlichen Protest. Und wieder rollen Hundertschaften der Polizei an. Die Demonstranten werden eingekesselt, geschlagen und auf Lastwagen verladen, darunter Schülerinnen, alte Leute und ein Rollstuhlfahrer. Sie werden, wie andere schon Tage zuvor, in Polizeikasernen

transportiert, wie Vieh die Treppen rauf- und runter-
getrieben, durchgeprügelt und verhört, stundenlang
in den Gängen der Staatsmacht mißhandelt – vorn-
übergebeugt, die Beine gespreizt.

Und nun folgt ein kleines Stück *Wende-Dialektik:* Gegen Ende des Monats – Leipzig erlebt soeben mit
mehr als 200 000 Menschen die größte Demonstra-
tion der Nachkriegszeit – hat Hans Modrow, Honeckers Statthalter in Dresden, sich im Zeitraffer-
Tempo gewandelt. Seit er den Dialog mit der Kirche
aufgenommen hat, gilt er für viele als letzter Hoffnungsträger. Die DDR-Medien bauen ihn zum Wi-
derstandskämpfer um, nur 14 Tage später ist er der
neue Ministerpräsident der DDR.

Und unsere Schweizerin? Zum sporadischen
Schulbesuch mal wieder zu Hause weilend, hält es sie
angesichts der Bilder von Hans Modrow kaum noch
in der Idylle – am wenigsten, als am 9. November
durch einen Betriebsunfall im Politbüro die Mauer
fällt. Was hat Gorbatschow unlängst in Berlin gesagt:
Wer zu spät kommt, den bestraft das Leben ... Zu spät
kommen will sie auf keinen Fall, sie muß den Anschluß an die Weltgeschichte schaffen.

Kläglich geht es auch bei der Stasi zu, die gerade
dabei ist, sich in *Nasi* umzubenennen. Auch sie muß
den Anschluß an die Weltgeschichte schaffen. Am 21.
November kommt es in Berlin zu einem internen Treffen, bei dem der neue Premier Modrow den Mielke-
Nachfolger ins Amt eines Vereins einführt, in dem die
gleichen Kräfte walten wie vorher ... mit Ausnahme
Erich Mielkes. Illusionslos stellen die aus allen Bezir-
ken angereisten Funktionäre fest, daß ihnen die Zeit
davonläuft, die Macht von Partei und Staatssicherheit
jetzt ernsthaft auf dem Spiel steht. Genosse Modrow

berichtet von den extremen Kampfbedingungen in Dresden und seiner Irritation über das gewaltlose Engagement auf der Gegenseite. Man wird ein *neues Spiel* entwickeln müssen, wird versuchen, die Akzeptanz von Gruppierungen wie dem *Neuen Forum* zu erlangen. Über den Umgang mit den klassenspalterischen Sozis ist nachzudenken, die sich erst kürzlich neu gegründet haben.

Im Raum steht zudem die Frage, wie das Riesennetz der Inoffiziellen Mitarbeiter geschützt, der Kampfgeist in den tschekistischen Kollektiven wieder gestärkt werden könnte. Zu wahren ist nach wie vor eine strikte Geheimhaltung der Arbeit. Die deprimierten Genossen werden ermuntert, einen *Kaderstamm für ein schlagkräftiges Staatssicherheitsorgan* zu sichern. Zudem beschließt die traute Runde, belastendes Material der Staatssicherheit zu vernichten, allem voran Tatbestände, die MfS-Mitarbeiter juristisch belasten könnten. Doch *wirklich sehr klug und sehr unauffällig muß das geschehen, wir werden stark kontrolliert ...*

Ministerpräsident Modrow wird zum Garanten einer systematischen Schredderung und Verbrennung brisanter Akten.

Doch dann machen Bürgerkomitees ihm einen Strich durch die Rechnung – im Dezember werden landesweit MfS-Dienststellen besetzt, um ein Weiterwirken der Staatssicherheit zu verhindern. Die *Nasi* wird vom Runden Tisch gewischt.

Nein, wir wollen nicht länger hinter die Fassade des *guten Menschen von Dresden* schauen. Wollen unseren Blick auch abwenden von jenem Vorweihnachtstag, an dem die SED-PDS Bilanzfälschungen und Geldwäsche im großen Stil beschließt, nicht hinsehen, wie

Volkseigentum nun massenhaft in eilig gegründeten GmbHs zu verschwinden beginnt. Wir entscheiden uns für den Abstandsblick – den schmerzlindernden aus der Schweiz zum Beispiel, wo man jetzt nahezu täglich das Konterfei des lauteren Reformers in irgendeinem Medium entdecken kann.

Modrows Erfolg bestätigt Hella in vielem, er wird vom SPIEGEL hofiert, vom österreichischen Kanzler. So wie in Prag Vaclav Havel kämpft in Berlin nun Hans Modrow – und sie? Sitzt in Wettingen fest und quält sich mit Wertschriften und Mathematik herum.

Das alles interessiert sie nicht die Bohne. Ihre Leidenschaft gilt den Geschehnissen in Deutschland, die sie sich in ihre Schwyzer Wände holt. Fast drei Stunden täglich wälzt sie Zeitungen, nimmt über alle empfangbaren Kanäle an Live-Übertragungen der Volkskammer teil, des Runden Tisches.

Und plötzlich, so um den Jahreswechsel 89/90, gerät die SED/PDS ins Kreuzfeuer der öffentlichen Kritik – und mit der Partei auch Hans Modrow. Hella vermag sich nicht mehr auf ihr Examen zu konzentrieren. Überall sieht sie Modrow, für den sie sich immer mehr begeistert.

Sein Gesicht wird ihr zum Kompaß durch das Chaos des deutsch-deutschen Umbruchs. Trauer und Hochmut liest sie in diesem Gesicht, Bescheidenheit und manchmal auch Freude. *Jetzt geht er den Weg nach Golgatha!* – die Katholikin droht der Schmerz zu zerreißen. Sie spürt, daß hier ein Mensch mit dem Niedergang seines Staates mehr verliert, als er verkraften kann. Der Ministerpräsident muß umfassend Rechenschaft ablegen und seine Stimme wirkt immer gepreßter.

Fast ihr gesamtes Geld geht für deutsche Zeitungen drauf:

Der öffentliche Abstieg vom Helden der Wende zur politischen Unperson schneidet Hella tief in die Seele. Sie glaubt an diesen Mann, der so anders ist als alle aus ihrer bisherigen Welt. Sie haßt Kohl, diese Dampfwalze aus Bonn, und sie versteht die Bürgerrechtler nicht. Vor allem leidet sie maßlos darunter, wie plötzlich alles eliminiert wird, was nach DDR riecht – Parteiembleme, Ost-Produkte, Straßennamen ... Sie muß dieses Land kennenlernen, bevor es verschwunden ist.

Im Februar 1990 kann sie nicht mehr essen, nicht mehr schlafen. Statt Schweizer Finanzbuchhaltung büffelt sie deutsche Geschichte. Am 13. Februar soll eine Pressekonferenz mit Modrow in Bonn stattfinden? Da muß sie hin, sich irgendwie eine Akkreditierung für Journalisten besorgen!

Daß die Uhr der DDR abläuft, falls Moskau nicht endlich ein Machtwort spricht, hatte Hans Modrow schon an jenem Dezembertag zu ahnen begonnen, als Helmut Kohl vor der Dresdner Frauenkirche in einem Meer schwarz-rot-goldener Fahnen badete. Mittlerweile hat er sich die Nachricht von Gorbatschow persönlich geholt. Als er am 30. Januar in Moskau auftauchte, den Stufenplan einer deutsch-deutschen Konföderation in der Tasche, ist der Beschluß im Kreml bereits gefaßt. *Die DDR, das Kind der Sowjetunion*, begreift der letzte Chef des Vasallenstaates, *liegt todkrank auf der Intensivstation – und Moskau beginnt, ihr die Lebensstränge abzuklemmen ...*

Kaum zurück – Parteifreund Gysi wird kurz darauf nachreisen, um sich mit den noch auf Konföderationslinie befindlichen Moskauer Genossen abzustimmen – verkündet Ministerpräsident Modrow der Presse die Kehrtwende: *Deutschland, einig Vaterland!*

Entschlossen wird nun der wohlständigen Bundesrepublik die Ruine DDR in den Schoß gelegt – die Bonner erfaßt blankes Entsetzen. Bereits bei einem internationalen Wirtschaftstreffen hatte Ministerpräsident Modrow dem Bundeskanzler mitgeteilt, die DDR stehe vor dem wirtschaftlichen *Aus*, das Geld reiche vielleicht noch bis Mitte des Jahres. Die DDR-Bürger säßen auf gepackten Koffern, und wenn nicht schnell etwas passiere, sei mit einem explosionsartigen Massenexodus zu rechnen ...

Tatsächlich droht östlich der Elbe ein Generalstreik, werden die Montagsdemos in Leipzig immer aggressiver, ergießt sich der Strom von Übersiedlern bereits in bundesdeutsche Turnhallen. Kanzler Kohl und seine Mannen bieten der DDR-Regierung an, die Verantwortung für Wirtschaft, Währungsstabilität, Arbeitslose, Rentner und Sozialhilfe, Straßenbau und Reichsbahn mit allen Konsequenzen auf sich zu laden. Im Gegenzug verlangen sie vom Staat DDR, das wirtschaftliche und politische System der Bundesrepublik zu übernehmen – komplett.

In Bonn beginnt man sich auf ein Wirtschaftsabenteuer vorzubereiten, das weltweit ohne Beispiel ist: Die D-Mark soll nach Osten rollen! Doch in welchem Verrechnungsverhältnis?

Darüber sollen sich mal die Banker den Kopf zerbrechen. Die PDS mobilisiert ihre Jubelperser, diesmal zum Proteststurm: Gegen den *Anschluß* der DDR an die Bundesrepublik und für einen Umtauschkurs 1 : 1.

Parallel dazu heben die Genossen mittels Geldwäsche und Bilanzfälschung ihre Form der Wirtschaftskriminalität ein letztes Mal auf Weltniveau. Millionen werden ins Ausland transferiert, dubiose GmbHs schießen nun flächendeckend aus dem Boden. In Schuhkartons werden Abschaltprämien zu Agenten getragen, und hauptamtliche MfS-Mitarbeiter haben plötzlich dicke Bankkonten. Die Koko-Gelder versickern in Briefkastenfirmen zwischen Wien, Finnland und Hongkong.

Sollen wir dabei etwa zuschauen – uns Wünschelruten für die Milliarden schnitzen, um welche die DDR-Bürger nun ein zweites Mal betrogen werden? Sollen wir uns über die Stützen der alten Herrscherkaste mokieren, denen ein Modrow-Gesetz massenhaft Grundstücke und Immobilien zum Schleuderpreis zuschanzt?

Nein! Wir spülen unseren Ekel mit einer Utopie herunter, dem *Sozialismus mit menschlichem Antlitz*. Am besten rutscht die mit klarem Alpenwasser, weshalb wir – jetzt dürfen wir ja reisen – uns wieder zu Hella in die Schweiz gesellen.

Dort holt uns unvermittelt das deutsche Drama ein – Hella ist gerade dabei, ihre Examensprüfungen zu verschieben. Am 13. Februar wird sie zum Rhein eilen, zur Pressekonferenz mit Hans Modrow.

Der Chef der untergehenden DDR reist in Bonn mit Ministerstab an. Daß alles auf den Anschluß hinausläuft, weiß er bereits – drei Tage zuvor war Kanzler Kohl bei Gorbatschow, noch einen Tag früher US-Außenminister Baker.

Die Pressekonferenz hat es in sich, und unsere junge Katholikin bebt vor Aufregung: Zum ersten Mal sieht sie den ihr virtuell vertrauten Mann live! Sein Gesicht spiegelt Würde, nicht Kapitulation. Eingezwängt in einen Journalistenpulk wie in eine Sardinenbüchse, hofft und betet sie, der Ostdeutsche und die Seinen mögen die Demütigung, die schon im triumphalen Auftreten des Bundeskanzlers liegt, verkraften.

Die nächste Chance, nach Deutschland zu gelangen, bietet sich der Schweizerin im Mai – zum ersten gesamtdeutschen Katholikentag, der wie ein Wunder in Berlin stattfindet. Benommen steht sie vor dem Brandenburger Tor, läuft mit großen Augen durch die zerrissene Stadt. Der Katholikentag ist toll, doch Hella wird getrieben von Sorge und Sympathie zu Hans Modrow und seiner Partei, die seit März abgewählt ist und auf der plötzlich alle herumhacken.

»Wo bitte geht es zur PDS-Zentrale?« Die Menschen, die sie fragt, fluchen »Diese Schweine!«, schweigen eisig, geben falsche Auskunft. Das stärkt ihren Willen, ihre Solidarität.

Vor dem alten ZK-Gebäude platzt Gysi mit ein paar Leuten aus der Tür, den kennt sie auch schon aus den Medien. Im Eingangsbereich klebt Karl Marx ... und nicht weit davon ein Plakat mit Hans Modrow, das *Stabilität und Vertrauen* verheißt.

Alles wirkt ein wenig museal, wie eine Kulisse von Gestern, findet sie. Doch dann liest sie *sozialistisch* und fühlt sich angesprochen.

In der Parteizentrale geht es zu wie im Bienenkorb. Die PDSler sind gestreßt, aber freundlich: Eine Journalistin aus der Schweiz? Der reine Balsam angesichts täglicher Mediendresche.

Man schenkt ihr ein Gysi-Plakat. Sie würde gern mit Herrn Modrow ein Interview machen? Das geht leider nicht, Genosse Modrow ist außer Haus und überlastet, da muß sie nächste Woche noch mal nachfragen ...

Ja, warum nicht? Hella verlängert ihren Katholikentag; so faßt sie schon ein wenig Fuß in jener Partei, die das *SED* etwas überhastet aus ihrem Namensdoppel gestrichen hat. Das unauffällige Mädchen mit dem wohltuend fremden Dialekt ist willkommen im

Haus der tausend Fenster, in den lockeren Kommentarrunden, in denen aktuelle Katastrophen kreisen: Die SPD, die drohende Einheit, Schewardnadse und die fein gekleideten Herren in der neuen Volkskammer mit dem Verstand von Würstchenverkäufern. Begeistert nimmt sie an ihrer ersten PDS-Demo teil, deckt sich mit Aufklebern und Plakaten ein ...

Hans Modrow kriegt sie auch jetzt nicht zu Gesicht – der weilt gerade mit Gysi in Moskau. Das verraten die Genossen der netten Schweizerin natürlich nicht, als Trost drückt man ihr das Modrow-Buch *Die ersten hundert Tage* in die Hand.

Die Fäden sind geknüpft. Noch fehlt Hella das Geld für den großen Sprung, doch hat der Übergang in die andere Welt bereits begonnen. Zurück in der Schweiz, empfindet sie jeden Tag als verlorenen. Sie jobbt in der Bank, um sich ein Reisepolster anzusparen, und hält engen Kontakt zu ihren neuen Freunden in Berlin. Die versorgen sie mit der *Jungen Welt* und Propagandamaterial, Hella ihrerseits hat riesige Telefonkosten.

Mitte September ist es soweit. Nichts auf der Welt kann sie mehr aufhalten. Während mit Bildungsverbot belegte DDR-Jugendliche längst in bundesdeutschen Hörsälen sitzen, andere endlich die Welt erkunden, bricht die junge Schweizerin in die Gegenrichtung auf. Bewaffnet mit ihrer Fotoausrüstung und einer riesigen DDR-Karte fährt sie dorthin, wo noch immer Weltgeschichte passiert.

Eine junge Revolutionärin steigt in Berlin aus dem Zug – ein zierliches Wesen mit schwarzer Baskenmütze und russischen Hosenträgern, einem überströmenden Glücksgefühl und dem Wissen, auf der richtigen Seite gelandet zu sein: *Freiheit und Selbstbestim-*

mung sind endlich kein Rollenspiel mehr wie in Paris, sondern lebenspralle Wirklichkeit. Aufgekratzt quartiert sie sich im Ostberliner Friedrichshain ein, atmet Trabiduft statt Alpenluft.

II.

Eine Minipizza in der Linken, ihre Nikon und die Aktentasche an sich gepreßt, schiebt sich Hella in den Flur des Hauses, in dem die *Mediencrew* ihr Domizil hat. Das Gebäude mit dem noch immer bröckelnden Putz hat Tradition: In den 20er Jahren hauste hier die KPD, zu DDR-Zeiten die DEFA, woran die zerfledderten roten Läufer im Treppenhaus erinnern.

Mit neun Leuten teilt sie sich seit ein paar Jahren hier eine Etage, ein Ost-West-Mix aus jungen Journalisten, die sich am Nabel Berlins einquartiert haben, Wand an Wand mit den Hackeschen Höfen.

Heute ist Sonntag, die Gefahr somit gering, daß ihr jemand die Dunkelkammer streitig macht. Hella hat einen Auftrag für eine Schweizer Zeitung abgefischt: Über die *Neue Mitte Berlins* soll sie berichten, mit Fotos. Sie muß Tempo vorlegen – die Abendschicht fällt heute aus, weil ein Treffen mit Hans Modrow ansteht.

Als sie die Tür zur *Mediencrew* aufschließt, atmet sie durch – die Etage ist wie ausgestorben. In ihrem winzigen Büro entledigt sie sich des Ballasts und des Anoraks, die Reste der Pizza mampft sie auf dem Weg zur Dunkelkammer.

Dort zieht sie das Rollo herunter, schließt die Tür und spult den Film aus der Patrone in den Tank um. Wo, verdammt noch mal, ist der Entwickler? Sie eilt in die Küche, wo es aussieht wie im Saustall. Der

Entwickler findet sich zwischen Wand und einem Pulk Tassen, in denen der Kaffeesatz angebacken ist. Na, wenigstens das Thermometer ist an dem Platz, wo es hingehört.

Mit Modrow wird sie den Parteitag in Münster auswerten. Ihn daran erinnern, daß es genau diese Hamburger DKP-Sekte war, die ums Haar einen Keil zwischen sie getrieben hätte – damals, 1993 ... 94.

Wann war das genau mit den Querelen? Nach ihrer Ankunft war sie einfach nur glücklich. Sie kam gerade noch rechtzeitig, bevor ein Staat im Orkus der Geschichte versank. In der Nacht zum 3. Oktober – der DDR schlug die letzte Stunde – hatte sie keinerlei Bedürfnis, sich das große Feuerwerk am Brandenburger Tor anzuschauen. Sie trauerte mit einer Schar junger Genossen am Käthe-Kollwitz-Platz. Die Stimmung war mies hoch drei, und weder die vorübergehende Gründung einer *Autonomen Republik Utopia* konnte den Schmerz der Platzbesetzer über den Verlust der DDR mindern noch die Aussicht, daß jetzt gleich Gysi reden werde ...

Ziemlich rasch war die PDS ihr eine Heimat geworden. Das hing nicht nur mit Hans Modrow zusammen – es gab dort aufschlußreiche Debatten, tolle Kulturveranstaltungen, hervorragende Köpfe. Und damals begegnete man ihr wirklich mit Neugier, denn sie kam aus der neuen Welt, ohne aus der verhaßten BRD zu sein. Sie hatte einen Exotenstatus, den sie genoß: Eine Katholikin aus der Schweiz, die sich leidenschaftlich zur *Partei des Demokratischen Sozialismus* hingezogen fühlte. Für die angeschlagenen Genossen verkörperte sie dieses Frische, ganz andere, ein Außen-Wesen, das gläubig war und nicht ständig nachhakte. Doch war da nicht von Beginn an auch etwas Mißtrauen?

Der Entwickler ist angesetzt, Hella hängt das Thermometer ins Meßglas.

Nein, das mit dem Mißtrauen kam wirklich erst später. Am Anfang wurde sie in alle möglichen Basisversammlungen geschleppt, in die Stammkneipen eingeführt. Sie war hungrig auf DDR-Geschichte, also drückte man ihr Kants *Aula* in die Hand und die *Troika* von Markus Wolf. Immer wieder war sie staunend durchs Karl-Liebknecht-Haus gelaufen, war überwältigt eingetaucht in die Demos gegen den Kapitalismus.

Große Prozessionen und Massenkundgebungen kamen ihr entgegen, rührten irgendwie an ihre Vergangenheit, die Verehrung von Karl und Rosa an ihren Heiligenkult.

Nachdem sie den Kurzzeitwecker auf acht Minuten gestellt hat, kippt Hella den Entwickler in den Tank. Natürlich waren das nicht ihre Heiligen – und oft genug fühlte sie sich gespalten in ein fasziniertes und ein kritisches Ich. Doch sie gehörte dazu. Als Autonome die Häuser in der Mainzer Straße besetzten, um den Aufstand gegen den neuen Staat zu proben, war sie selbstverständlich mit von der Partie. Und am Morgen darauf mit brennenden Augen aufgewacht, in irgendeinem Lichtenberger Hausflur.

In der Nacht, als das Tränengas ihr fast die Besinnung raubte, hatte sie laut geflucht: »Das ist ja schon wieder wie im Herbst 89, schon wieder geht eine Ordnungsmacht mit Knüppeln auf wehrlose Bürger los!«

Nun saß sie verschwitzt, die Augen leicht entzündet, in einem stinkenden Hausflur – dabei fieberte sie einem der aufregendsten Momente ihres Lebens entgegen: Sie sollte endlich Hans Modrow persönlich kennenlernen! Die erste gesamtdeutsche Bundestagswahl stand vor der Tür, und Hella hatte sich beworben, den Ehrenvorsitzenden der PDS auf seinen Wahltouren zu begleiten. War bei seiner Sekretärin reingeschneit, um eine Rose abzugeben, als Dank für die tolle Arbeit des letzten Ministerpräsidenten der DDR. Und hatte so nebenbei gefragt, ob sie ihn bei seiner Wahlkampftour begleiten könne ...

Die Brühe mit Film im Kipprhythmus schwenkend, erinnert sie sich, wie sie neben einem Fahrer im Auto zum Regierungskrankenhaus saß – wahnsinnig aufgeregt, sich fragend, ob er überhaupt ihren Dialekt verstehen würde. Modrow hatte gerade eine Meniskus-Operation hinter sich, und wie er so am Stock auf sie zuhumpelte, erinnerte er sie erst mal an Graf Lambsdorff. Für einen Moment allerdings nur: Dann schaute sie in ein offenes Gesicht, in neugierige, ehrliche Augen ... Sie hatte irgendwas gestammelt, im Versuch, ihre Gedanken in ungewohntes Hochdeutsch zu pressen ... und war beim Operierten auf ein verschmitztes Lächeln gestoßen.

Wo ist der verdammte Kanister zum Entsorgen der Brühe? Den Tank in der Hand, läuft Hella Küche und Gänge ab, kippt den Entwickler schließlich entnervt ins Klo. Hier fühlt sich niemand so richtig verantwortlich – jeder macht seins, nur die verranzten Tassen überläßt man den anderen.

Bis vor kurzem teilten sie sich zu dritt ein Büro, jetzt hat sie endlich ihr eigenes kleines Reich ergattert. Mit Ordnung und Übersicht trotzt sie dort nicht nur dem äußeren Chaos, sondern auch dem inneren.

Immer hat sie sich nach einer Truppe gesehnt, die miteinander arbeitet und lebt. Die aber hat sie nie gefunden, weder in der WG, in der sie seit ein paar

Monaten wohnt, noch hier. Man teilt sich Miete und Telefonkosten, ansonsten geht jeder seiner Wege.

Die Schweizerin steckt einen *New-Wave*-Titel in ihre Mini-Disc, verankert das Teil im Jeansbund und stülpt sich die Kopfhörer über. Immerhin ist sie jetzt unabhängig, hat endlich ein Standbein im Journalismus. Sie hat sich zur Spezialistin für ostdeutsche Befindlichkeiten entwickelt, verfügt über ein Wissen, das andere Schweizer nicht haben. In puncto Stadtentwicklung kennt sie sich aus, beleuchtet faktenreich Religion und Gesellschaft im vornehmlich atheistischen Berlin. Vor ein paar Jahren sah das alles noch anders aus.

Routiniert stellt sie die Zeit fürs Fixierbad ein. Die Fahrten mit Hans Modrow im November 1990 durch Mecklenburg, das war die absolute Erfüllung. Nie hätte sie ein Jahr zuvor eine solche Nähe auch nur zu träumen gewagt. *Simple minds* ... natürlich hat sie davon geträumt. Vom ersten Augenblick an haben sie sich verstanden. Mal mit einer jungen Frau durch die Lande zu fahren statt immer nur mit drögen Genossen, das hat ihn sichtlich belebt. Und sie erst. Durchaus locker waren ihre Gespräche, während sie so von Ort zu Ort fuhren, von Bürgermeister zu Bürgermeister, locker und oft auch witzig. Von wegen *hölzerner Parteisoldat!* Vor allem hat sie ihn schlafen lassen, wenn er auf der Heimfahrt erschöpft auf dem Rücksitz hing. Daß er sich wohl fühlt, das war ihr wichtig.

Damals stand die Partei vor ihrem Scherbenhaufen, vor Feindschaft und sozialer Ausgrenzung. Hautnah hat sie diese ganze Phase mitgekriegt, die Wut und Bitterkeit der Genossen, deren Leben nun im nachhinein entwertet wurde. Und auf wem ruhten ihre Hoffnungen? Auf der moralischen Instanz der Partei, auf Hans Modrow.

Als der Wecker klingelt, öffnet sie den Tank und kippt den Fixierer ab. Soll sie ihrer Neugier nachgeben und einen ersten Blick auf die Negative werfen? Mit einem Seufzer entscheidet sie sich fürs Wässern.

Und wir? Sollen wir unserer Neugier nachgeben und die Schweizerin fragen, was denn da so war mit dem Ehrenvorsitzenden?

Nun, auch wir können uns für Wässern entscheiden, denn da war nichts ... nichts, was einen SUPER-ILLU-Artikel abgäbe. Vielleicht eine wissenschaftliche Abhandlung über Männer als Vaterersatz, doch davon sind die Bücherregale schon voll. Irgendwann ist sie mal von einer Journalistin gefragt worden, mit süffisantem Lächeln, ob sie *Modrows Muse* sei, das hat sie sehr verletzt. Daß die immer nur in diesen platten Kategorien denken können ...

Und Hella ist ja nicht doof. Natürlich weiß sie, daß sie nach einer Vaterfigur gesucht hat, das war schon bei Frère Roger so. Und sie weiß auch um ihre Neigung, solche Figuren zu idealisieren. Doch ist da eine tiefe, menschliche Beziehung entstanden, die hat sogar diese Parteiquerelen überlebt. Die Deutschen hat sie immer als kopflastig empfunden. Doch Modrow war etwas Besonderes, der konnte seine Genossen spontan und herzlich umarmen. Bei ihm hat sie den Menschen zum Anfassen gespürt, der war nie so glatt wie Gysi oder so verkopft wie Brie.

Als sie ihn zum ersten Mal in seinem Büro aufsuchte, in diesem nach Veteranen riechenden Liebknecht-Haus, sah sie auf seinem Pult plötzlich lauter Stofftiere stehen, einen Stoffhasen neben den Akten, einen Teddybären ... Das fand sie rührend: Dieser Mann, der als Politiker überall hofiert wurde – das zeigte doch, daß er ein weicher Typ war, ein menschlicher.

Kurz darauf hatte sie ihm einen riesigen Schokoladenkäfer aus der Schweiz mitgebracht, der lag dann jahrelang neben den Stofftieren auf dem Pult.

Anyway – es ist jetzt 16.30 Uhr, in zwei Stunden sollte sie hier raus sein. Eine Zeitreserve von immerhin einer Stunde. Ob sie sich bei dieser himmlischen Ruhe auf der Etage gleich noch an den Artikel macht?

Vielleicht bringt es ja mehr, die nahende Dämmerung abzuwarten und noch die Licht-Installationen in den Sophie-Gips-Höfen zu fotografieren: Rote und blaue Neonröhren in alten Durchgängen aus Backstein – das ist der ultimative Kick, da fließen die Zeiten ineinander ... so, wie sie das in ihrem Artikel rüberbringen will.

Hella verschiebt die Entscheidung und beginnt mit der Schlußwässerung. Noch ein paar Tröpfchen Agepon, ein zweiminütiger Schwenk im *New-Wave*-Rhythmus und schon hängen die Negative im Trockenschrank.

Auf Zeitenbrüche fährt sie total ab. Und den faszinierendsten hat sie zweifellos nach ihrer Ankunft in Berlin erlebt – diesen Übergang zwischen *Nicht mehr* und *Noch nicht* ... Das war eine verrückte und geniale Phase, so vieles ging plötzlich. Rastlos rannte sie damals durch diese Stadt, hielt eine schwindende Welt in Bildern fest. Auf das besetzte *Tacheles* hatte sie sich gestürzt, auf verwitterte DDR-Parolen an Häuserwänden, die letzten Mauersprüche. Später dann war diese riesige Freiheitsstatue aus Pappmaché ihr Highlight. Die Amis hatten sie direkt neben den Checkpoint gestellt, als Werbegag, und das Ding brachte genau den New-York-Touch, der Berlin fehlte. Sie hat es zusammen mit einer Peitschenlampe abgelichtet und einer DDR-Fassade im 60er-Jahre-Look.

Vielleicht sollte sie den Bogen von zehn Jahren

mehr betonen, noch mal ihr Fotoarchiv durchforsten? Alphabetisch blättert sie sich durch Bärbel Bohley und Baustellen, Kräne, religiöse Symbole und das Szene-Volk des Prenzlauer Bergs. Hans Modrow hat ein Extra-Archiv.

Der Parteitag in Münster hat sie ziemlich erschüttert, spült ihr die ganze Vergangenheit wieder hoch. Wann ist ihr Rausch in Nüchternheit umgekippt?

Nach 1991 wurde die Partei neu sortiert, war die Zeit der Spontaneität plötzlich ebenso vorbei wie das Wodka-Trinken und Feten-Feiern. Noch immer ging sie als Schweizer Vertraute des Ehrenvorsitzenden aus und ein, doch die Neugier auf Fremdes hatte sich gelegt. Die Atmosphäre wurde kühler und berechnender – auf einmal war nicht mehr wichtig, was für ein Mensch man war, sondern welchen Posten man hatte, ob man der Partei nützte oder nicht. Daß sie fast ohne Bezahlung für ein PDS-Blättchen arbeitete, daß sie nachts mit Kleister und Flugblättern loszog, brachte ihr keine Punkte. Im Gegenteil: Ihr schlug zunehmend Mißtrauen entgegen.

Es war ein langer Weg von der Täuschung und Selbst-Täuschung bis zur Ent-Täuschung, da wechselten schleichende Phasen mit abrupten Schocks. Der größte kam 1992 ... oder war es 1993?

Jedenfalls kam eines Tages so ein DKP-Typ aus Hamburg auf sie zu und fragte in scharfem Ton: »Was machst du hier eigentlich in diesem Haus? Keiner weiß, woher du kommst, keiner weiß, wer du bist ...«

Sie war völlig verdattert, wußte gar nicht, was der von ihr wollte. So etwas hatte sie in Taizé nie jemand gefragt. Dann war sie für ein paar Wochen nach Bonn gegangen, wollte die Abgeordneten bei ihrer Arbeit erleben. Zurück in Berlin bekam sie zum ersten Mal eine Ahnung davon, was DDR war: Sie wurde vor den Parteivorstand zitiert, dort saß ein halbes Dutzend Männer um einen großen ovalen Tisch, diesmal ohne proletarisches Gehabe. Die Atmosphäre war schneidend wie bei einem Verhör: *Was hast du in Bonn gemacht? Worüber hast du geschrieben? Die Abgeordneten haben sich beschwert, du hättest sie von der Arbeit abgehalten* ... Die Abgeordneten? Die waren doch immer freundlich zu ihr gewesen! Und als dann einer der Männer sagte: »Wir gehen davon aus, daß du vom Schweizer Verfassungsschutz bist!« war es für die Katholikin, als habe man sie in den Bauch getreten. Sie war zweiundzwanzig und wußte nicht einmal, was Verfassungsschutz ist.

Erregt schaut Hella aus dem Fenster, die Trockenkammer hat sie vergessen. Nach diesem Verhör brach eine Welt für sie zusammen, doch mit wem hätte sie reden sollen? Sie wäre damals aus dem PDS-Haus geflogen, hätte Hans Modrow nicht die Hand über sie gehalten.

Doch Ernüchterung hatte sich auch schon in Bonn eingeschlichen.

Dieser nahtlose Wechsel der sozialistischen Genossen hinüber in profitable Strukturen hatte ihr zugesetzt. Nach außen hin machten sie heftig auf *Links*, um anschließend in tollen Schlitten davonzufahren – allen voran diese Salonbolschewisten aus dem Westen, die hatten das schon von der Pike auf gelernt. Damals in Bonn war ihr plötzlich Honeckers *Vorwärts immer, rückwärts nimmer* eingefallen – das war die glatteste Version von diesem Spruch.

Danach begann sie genauer hinzuschauen. In Rostock, als es zu pogromartigen Ausschreitungen gegen Vietnamesen kam, war sie in der ersten Reihe mitmarschiert – gegen Ausländerfeindlichkeit. Natürlich wußte sie nicht, daß sie mit einer Partei marschierte, die zu DDR-Zeiten vietnamesische Frauen unter Abtreibungszwang gestellt hatte. Sie schockierte die Routine, mit der Bonner Abgeordnete im Privatjet eingeflogen wurden, um sich in ihren schicken Klamotten unters Demo-Volk zu mischen.

Dieses Unbehagen hat sie später öfter befallen. Auch bei dem Hungerstreik in der Berliner Volksbühne fühlte sie sich angewidert von der Schnelligkeit, mit der sich die PDS jener Mechanismen bediente, die sie bei anderen anprangerte. Wie der Journalistenpulk in die Volksbühne trabte, um Gysi und Bisky beim *Hungern* zuzuschauen, das war schon degoutant ...

Die junge Journalistin greift ihren Tee-Kelch aus Keramik – auf dem Weg zur Küche fallen ihr die Filme wieder ein. Wo ist die Schere? Vermutlich hat die wieder jemand mitgehen lassen. Sie holt ihre eigene aus dem Schreibtisch, dazu die Fingerhandschuhe, die schließt man besser auch stets weg. Nachdem die Negative in Sechserstreifen geschnitten und in der Acetathülle verstaut sind, setzt sie endlich Teewasser auf.

Nein, die Illusionen sind verflogen, sie fühlt sich frei und unabhängig. Oder täuscht sie sich erneut? Sie hat diese Plattformen satt, die einander bekämpfen ... andererseits hat sie geweint, als sie vor zwei Jahren nach dem Rostocker Parteitag in den Zug stieg. Irgendwie ist es ja doch ihre Familie geworden.

Vorsichtig füllt sie den Entwickler in die Schale, schiebt danach Fotopapier und Acetathülle unter die Glasplatte und schaltet den Vergrößerer an.

Auf dem Parteitag in Münster hat sie auch geweint. Diese K-Gruppen-Cliquen aus dem Westen ... es ist immer dasselbe. Damals haben sie versucht, sie mit allen Mitteln von Modrow abzudrängen, zusammen mit den alten SED-Bonzen. Es ist ihnen nicht gelungen. Sie hatte starke Depressionen damals und fand bei diesen Leuten alle Gründe wieder, weswegen die DDR zu Bruch gegangen war.

Ein Papierbogen landet in der Schale. Damals fehlte ihr noch die Sprache, die diffusen Gefühle auszudrücken.

Und dann diese Prozeß-Lawine, die hat die ersten Keime Modrowscher Selbstkritik gleich wieder gekappt ... Wie konnte man diesen sanften Menschen, der schließlich die Zuversicht des Ostens verkörperte, auf einmal vor den Kadi zerren wie einen Kriminellen? Die westdeutschen Medien hatten ihn doch selbst zum Hoffnungsträger aufgebaut!

Heftig schwenkt das Papier in der Schale. *Wahlfälschung, Meineid, Politbüro-Prozeß* ... der Weg vom Hosianna zur Kreuzigung ist ein verdammt kurzer. Doch lag nicht auch Jesu Größe im Scheitern an der Wirklichkeit?

Das Fotopapier landet kurz im Stopp-, dann im Fixierbad. Sie war bei allen Modrow-Prozessen dabei, stand ihm jeden Tag zur Seite – selbst dann, als sich schon keine Sau mehr für diese Farce interessierte.

Bitter mußte sie mit ansehen, wie dieses Verfahren ihren väterlichen Freund immer mehr verschloß. Sie litt darunter, auf moralische Fragen kaum noch eine Antwort zu bekommen, besonders im Hinblick auf die jüngste Vergangenheit. Erst, als er sich wieder zu öffnen begann, sprach er mit ihr über Vorgänge wie den Knüppeleinsatz von Dresden, die Stasi, die fehlende Weitsicht ...

Das Pfeifen des Wasserkessels dringt durch die Kopfhörer, und Hella eilt in die Küche, um endlich Tee aufzubrühen. Vielleicht hat ihre Freundschaft gehalten, weil sie immer für ihn da war, jeden Januar mit zu Karl und Rosa marschiert ist, obwohl die kommunistischen Heiligen nicht ihre sind. Weil sie sich an seiner Seite die Versammlungen der abgewickelten DDR-Funktionäre angetan hat, die in ihrer Vergangenheit hocken ohne jede Neugier auf die Welt. Dieses ganze Partei-Chinesisch ... Hella erinnert sich an stundenlange Gespräche, nach denen bei ihr nicht ein einziger Satz hängengeblieben war. Da wurde eine Floskel an die andere gereiht, es war die reinste Kärrnerarbeit, herauszufinden: *Was wollen die mir jetzt eigentlich sagen?*

Sie überfliegt die nassen Kontaktabzüge und klammert sie, auf den ersten Blick sieht alles prima aus. *Simple Minds* setzt zur letzten Nummer an und Hella zum Griff in den Kühlschrank, um sich Milch rauszuholen.

Den Kelch in ihr Kabuff balancierend, hält es sie nicht mehr – jetzt muß sie mal einen Blick auf die Abzüge werfen! Sie kramt nach der Lupe, die Handschuhe verschwinden im Schreibtisch.

Wow – das Raumschiff kommt total gut! Sie hat es in einem Hinterhof der Oranienburger aufgespürt, ein Kunstwerk aus Elektronik-Schrott und Flugzeugteilen. Das gibt den totalen Kontrast zu den Jugendstil-Kacheln der Hackeschen Höfe. Gierig fährt ihre Lupe die Streifen ab – das meiste ist gut geworden, Blende 8 war genau die richtige für kühles Aprillicht. Der goldene Kuppelbau der Synagoge kommt prächtig ... das Postfuhramt nicht, das säuft total im Dunkel ab. Leider auch auf dem zweiten Foto, das kann sie vergessen. Wenigstens die DDR-Neubauten sind geworden, auch die Bilderbuchfassaden mit dem neu geklebten Stuck. Und der Sophien-Friedhof? Auch gut – davon hätte sie noch ein paar Versionen mehr machen sollen.

Vorsichtig nippt Hella an ihrem Tee. Keine Frage, am besten gefällt ihr der verrottete Nachbarhof mit seinen Brandmauern, dorthin hat sich noch nie ein Efeuzweig verirrt, geschweige denn ein Pinsel. Der ließe sich gut mit einem Designerlabel koppeln.

Auf *Berlin Mitte* sind die Schweizer Zeitungen besonders wild, und damit sind sie bei ihr genau richtig. Hella ist Teil dieser Geschichte, ist mit dem neuen Viertel aufgeblüht. Den ganzen Umbruch von bröckelnden Fassaden zu Kultläden hat sie mit der Kamera festgehalten.

So wie draußen, sind während der zehn Jahre auch in ihr selbst die Zeiten ineinandergeflossen. Fast unmerklich haben sich ihre Bedürfnisse gewandelt. 1990 fand sie die abrupten Lebensbrüche – Berlin im Zeitraffer, *Slow-motion*-Effekt in der Schweiz – absolut toll. Wenn sie aus irgendwelchen Gründen heimfahren mußte, fehlte ihr schon nach zwei Tagen eine Demo, starb sie vor Langeweile.

Inzwischen ist die Harmonie der Schweiz ein guter Ausgleich zum chaotischen Berlin: Daß eine Kneipe noch dort steht, wo sie schon vor zehn Jahren stand, wirkt irgendwie beruhigend. Und wenn sie in Wettingen aus dem Zug steigt, genießt sie wieder die Luft.

Sorgfältig klebt sie grüne Punkte auf die ausgewählten Bilder. Auch ein paar gestylte Typen hat sie eingefangen, den Zuzug aus Westdeutschland. Trotzdem, mit Menschen tut sie sich beim Fotografieren immer noch schwer.

Ist sie inzwischen eine Berlinerin geworden? Doch, irgendwie schon. Sie kennt sich aus, wohnt urban, hat die Nase in *Boomtown*. In ihrer WG im Prenzlauer Berg schaut sie vom Bett aus direkt auf eine U-Bahn-Brücke. Sogar in deutscher Geschichte hat sie zugelegt: *10 Jahre Mauerfall, 50 Jahre DDR, 50 Jahre BRD, Berliner My-*

thos, die neuen Russen – sie braucht nur in ihrem Themenkatalog zu blättern, schon kann sie einsteigen.

Allein dafür wird sie Hans Modrow ewig dankbar sein, daß sie durch ihn nun auch eine deutsche Geschichte hat, eine richtig greifbare. Früher hat sie Deutsche und Franzosen um ihre Geschichte beneidet, das lebt alles noch. In der Schweiz gibt es eine 700jährige Eidgenossenschaft – doch hatte sie zu Wilhelm Tell und seinem jahrhundertealten Apfel jemals eine Beziehung? Nein.

Nicht, daß sie etwas gegen ihre Schweizer Landsleute hätte, im Gegenteil: Gleich hier um die Ecke hat der Kanton Aargau ein Atelier für Stipendiaten eingerichtet, dort begrüßt sie einmal im Quartal die Neuen. Sie hat den Schweizer Kulturkalender an der Wand, und sie genießt die Neugier der Ankömmlinge auf diese vitale Welt.

Bei den Ostlern ist das Interesse an Neuem, das sie 1989 so mitgerissen hatte, inzwischen völlig verschwunden. Sie stellen auch einander keine Fragen mehr. Das beobachtet sie bei allen Generationen, auch bei den Gleichaltrigen, auf die sie ja ihre Hoffnung gesetzt hatte. Die sind keine neuen 68er geworden, sondern nur Macher, die Geld verdienen wollen und die kapitalistischen Kniffe schneller intus hatten, als Hella sie jemals begreifen wird.

Sie legt einen Sechserstreifen in die Bühne, stellt Größe und Schärfe ein. Das ist eigentlich das Irritierendste an allem, daß sie seit Jahren viel mehr Westler trifft, die neugierig auf den Osten sind als umgekehrt.

Die ersten ihrer Wahl-Fotos landen in der Schale, sacht bewegt Hella sie hin und her. Als Umrisse sichtbar werden, freut sie sich wie am Tag, als sie ihre ersten Berlin-Aufnahmen gemacht hatte. Die Licht-Installationen in den Sophie-Gips-Höfen wird sie aber auf jeden Fall mitnehmen. Im Moment ist es dafür noch ein wenig zu hell.

Dieses Hoflabyrinth zwischen Sophien- und Gips-straße ist ihr eigentlich verleidet: Vor ein paar Jahren, als sie mal wieder kein Geld hatte, mußte sie sich dort bei einer Produzentin verdingen, einer ehemaligen Fernsehjournalistin der DDR. Für 580,– DM pro Monat, bei zwölf Stunden Arbeit pro Tag. Die hatte die Ausbeutung schon inhaliert wie früher die Parteilinie: »Du kannst ja gehen, wenn's dir nicht paßt«, hatte sie spitz geäußert, als Hella das *ausbeuterisch* nannte, »für 580,– kann ich mir jederzeit eine Arbeitskraft von der Straße holen ...« Die wußte, daß sie als Schweizerin keine Arbeitserlaubnis für Deutschland bekam.

Anyway – solche Zeiten sind vorbei, inzwischen kann sie von ihrer journalistischen Arbeit leben.

Sie klappt ihre Mini-Disc auf und tauscht *Simple Minds* gegen *The Cure*, ihr ist jetzt nach einem melancholischen Sound zumute. Vor allem freut sie sich riesig auf Modrow, der nur noch selten in Berlin ist, meist am Wochenende.

Hella ist immer noch froh, daß er ins Europa-Parlament gewählt wurde, sie hatte sich so gewünscht, daß er mal rauskommt aus diesem Parteimief. Als es soweit war, schenkte sie ihm ihre große, verwaschene Europa-Fahne. Viele aus der Ex-DDR sind sauer, daß gerade diejenigen, die sie eingesperrt haben im Land, jetzt am meisten von Europa profitieren. Das kann sie verstehen. Trotzdem, ihr Glücksgefühl überwiegt. Und der europäische Wind tut ihm sichtbar gut, von Monat zu Monat wirkt er lockerer.

Seit die PDS dort mitmischt, versucht sie, sich auch

in puncto Europapolitik auf dem laufenden zu halten – ein ziemlicher Kraftakt neben ihrer sonstigen Arbeit: Regierungskonferenzen, der Euro, Prodi, Straßburg . . . Gott sei Dank interessiert sie das alles selbst.

Vergangenen Dezember saßen sie zusammen im Abgeordnetencafé in Brüssel. Diskutierten drei Stunden lang in diesem riesigen Glaskasten über Gott und die Welt . . . Es war das ultimative Highlight: Mit Sekt haben sie auf die 90er Jahre angestoßen und darauf, daß ihre Freundschaft dieses schwierige Jahrzehnt überdauert hat.

Die zwölf Endabzüge wandern ins Fixierbad, der Zeiger des Kurzzeitweckers auf die Zahl 3. Den Wekker nimmt sie mit ins Büro, um unter den Kopfhörern das Klingeln nicht zu verpassen.

Sich einen Moment Entspannung gönnend, nippt sie an ihrem Tee und schließt die Augen. Noch muß sie damit leben, daß viele Fragen offen sind – Fragen, die seine Vergangenheit betreffen, die Defizite in der PDS . . . auch allgemeinere wie das Wirken menschlicher Beziehungen in bestimmten gesellschaftlichen Zusammenhängen. Berlin ist ein gutes Pflaster für solche Gespräche und Brüssel auch . . .

Der Wecker klingelt, die Journalistin zieht die Kopfhörer runter. Ihre *Schwarzweiß-Selection* landet nach einer letzten Wässerung auf der Leine.

Nach wie vor ist sie von Hans Modrow fasziniert wie bisher nur von wenigen Menschen in ihrem Leben. Vor Jahren hat sie ihm mal einen Teddybären geschenkt, zu seiner Stofftiersammlung. Und neulich, als sie ihn zu Hause besuchte, sah sie diesen putzigen kleinen Bären direkt neben dem ausgestopften Krokodil stehen, das Fidel Castro ihm geschenkt hat . . .

Schulweisheiten

1993 bricht Peter Bonnard, ein junger Lehrer aus dem Ruhrpott, in den Osten auf. Er hat in Bochum studiert, in Duisburg sein Referendariat beendet. Und war zufällig beim Blättern in einer GEW-Zeitung auf eine Anzeige des Ministeriums gestoßen: *Brandenburg sucht dringend Lehrer für Fremdsprachen* ... Bonnard ist nicht nur auf Stellensuche, sondern auch neugierig auf den Osten – also fährt er zum Vorstellungsgespräch in die Lausitz, wo ihn ein überaus netter Schulrat empfängt.

Kurz darauf wechselt er von der Steinkohle in die Braunkohle.

Er hat ein wenig Muffensausen bei diesem Aufbruch in eine unbekannte Welt, aber genügend Pioniergeist, um sich für den Aufbau eines demokratischen Schulsystems zu engagieren. Die Rahmenpläne für den Unterricht lesen sich fortschrittlich und kommen seiner Einstellung entgegen: Bonnard versteht sich als unorthodoxer Linker, der Schüler und Schülerinnen gern mit dem bekenntnishaften *I* verbindet, das wir aus der *taz* kennen.

Der Absolvent aus dem Revier ist nicht der einzige von *drüben*, der in Brandenburg eintrifft: Die Abschottung der DDR-Gesellschaft hat eine Lücke im Bereich Fremdsprachen gerissen, die nach der Wende nur von außen zu füllen ist. Gewinkt wird den jungen Westpädagogen mit einer baldigen Verbeamtung.

Im Lausitzer Gymnasium übernimmt der Neuling den Lateinunterricht und wird zusätzlich mit allen Geschichtskursen des ersten Oberstufenjahrgangs betraut. Zugegeben, der Ton an der Schule erinnert ein wenig an einen Kasernenhof. Merkwürdig auch, daß die Fachkonferenz Geschichte zu Beginn des Schuljahres mit der Begründung eingespart wird, Bonnard sei ohnehin der einzige Geschichtslehrer in der Oberstufe. *Er solle machen, was er für richtig hält*, teilt ihm der Direktor mit.

So macht er eben, was er für richtig hält – das, was er an der Uni gelernt, als sinnvoll erkannt und im Referendariat bereits mit Erfolg ausprobiert hat ... und was d'accord geht mit den Brandenburger Rahmenplänen.

Es dauert nicht lange, da stellen sich erste Probleme ein. Aufgefallen waren ihm bei Schülern der 11. Klasse, die er in Geschichte unterrichtet, von Beginn an die mangelnde Bereitschaft zur Mitarbeit und ein erschreckend niedriger Kenntnisstand. Nun bittet er um eine Aussprache mit dem Schulleiter, der das Manko mit *Wendeschäden* dieser Jahrgangsstufe entschuldigt. Was folgt, ist eine Serie von Hospitationen. Und sah sich Lehrer Bonnard anfangs noch gelobt, so werden die *Wendeschäden* nun zunehmend ihm zur Last gelegt: Es gäbe da Kritik an seinem Unterricht, von seiten der Schüler ... Namen will der Direktor aber nicht nennen.

Nach den Weihnachtsferien verweist Bonnard einen der *Wendegeschädigten*, der trotz mehrfacher Ermahnungen die Stunde zielgerichtet boykottiert, des Unterrichts. Beim Gespräch, das dem Vorfall folgt, und an dem Bonnard, der Direktor, der störende Schüler und ein Klassenvertreter teilnehmen, hält der

Schulleiter nicht einmal eine Mißbilligung des Störenfrieds für nötig. Bonnard ist verblüfft: Könnte dieses Verhalten des Direktors daran liegen, daß ausgerechnet der Störenfried Mitglied der Schulkonferenz ist – einer Einrichtung, die für die weitere Karriere des Direktors nicht ohne Bedeutung ist? Man raunt, er sei vor der Wende nicht nur Lehrer für Deutsch und Geschichte gewesen, sondern auch Parteisekretär ...

Halten wir uns, bevor wir uns in Spekulationen verlieren, an die Fakten: Statt der Mißbilligung des Schülers, der auch bei anderen Kollegen auffällt, und einer Konferenz zum Thema *Wie gehen wir mit dem unakzeptablen Verhalten von Schülern um* beruft der Direktor eine Fachkonferenz ein, auf der die beiden Jungs der Jahrgangsstufe 11 ihren Beschwerden über Bonnard Luft machen dürfen: Zu wenig Tafelanschriften, überflüssige Exkurse zu historischen Themen, der Unterricht nicht spannend genug.

Der Lehrer aus NRW, schon fast wie ein Angeklagter in der Runde sitzend, verweist auf den Rahmenplan und die darin geforderte Arbeit mit Quellenmaterial und Sekundärliteratur. Er schildert seine Beobachtung, daß solches Exzerpieren in dieser Jahrgangsstufe offenbar Neuland sei, ein ungeliebtes dazu. Und er stellt eine verhängnisvolle Frage: »Hätten derartige Arbeitsformen nicht bereits in der Unter- und Mittelstufe trainiert werden müssen?«

Zunächst herrscht Schweigen. Dann bemerkt ein älterer Kollege, an dieser Einschätzung sei wohl etwas Wahres. Dennoch läutet die unterschwellige Kritik des Neuen den Eklat ein: Der Schulleiter selbst hat die Klasse im Vorjahr unterrichtet; daß er nur Fakten zum Auswendiglernen diktiert habe, erfährt Bonnard später durch eine Schülerin.

Der neue Geschichtslehrer wird runtergeputzt, seine Einwände als *arrogant* abgetan, der mangelnde Wissensstand der Schüler erneut auf *Wendeschäden* zurückgeführt – all dies in Gegenwart der beiden Jungs, die den Vorgang genüßlich in die Klasse tragen.

Was nun ausbricht, ist gezieltes Mobbing, bei dem die *Rote-Socken*-Seilschaft des Schulleiters diesem zur Seite steht. Die wesentlichen Bewegungen laufen hinter dem Rücken des Lehrers ab: Gespräche über seinen Unterricht, die Vorbereitung von Elternversammlungen, Stimmungsmache. Es geht ein vom Direktor initiiertes anonymes Schreiben mit Schülerkritik um; bei einer Unterschriftenaktion zugunsten des Lehrers dagegen werden die Sympathisanten unter Druck gesetzt. Angemahnte Unterlagen werden ihm zu spät ausgehändigt, unvollständig oder gar nicht. Ein Elternvertreter beschwert sich bereits nicht mehr bei ihm – er läuft gleich zum Schulamt, was der Lehrer erst Monate später erfährt.

Und die Schüler? Während der Lateinunterricht in allen drei Jahrgangsstufen weitgehend problemlos verläuft, selbst im Geschichtsunterricht ein Teil der *Wendegeschädigten* nach wie vor interessiert mitarbeitet, probt ein anderer Teil das Stück *Wie mobben wir den Wessi weg?* Der Störenfried, dem Geist nach Neofaschist, wird zum Volkstribun, als er das T-Shirt des Lehrers kommentiert: die Zeichnung eines Knochenmannes mit NS-Armbinde, der Flöte spielend eine Menschengruppe hinter sich herlockt, unterstrichen vom Satz *Die Rattenfänger sind unterwegs*. Obwohl einige Schüler signalisieren, die Aussage auf dem Shirt gut zu finden, wagen sie nicht, das offen zu bekennen.

Worin begründet sich die Aversion gegen den Geschichtsunterricht des Neuen? Seine Arbeitsmethoden sind ungewohnt – Bonnard teilt die Welt nicht wie bisher üblich in Schwarz und Weiß, Richtig und Falsch ein, er fordert Quellenstudium und eine Interpretation, die zu begründen ist.

Er mahnt eigene Recherchen an, zum Beispiel in der Stadtbibliothek, um Referate auch hinterfragen zu können. Das unangenehmste an ihm aber ist: Er zensiert strenger als die meisten Lehrer von hier, bezieht auch die Mitarbeit in die Bewertung ein. Kurz: Bonnard versaut die Norm!

Womit der Lehrer aus dem Ruhrpott kollidiert, sind Verlogenheit und alte Denkmuster im neuen Gewand. Er drückt die guten Notendurchschnitte, mit denen der Schulleiter Eltern und Schüler befriedet und nach außen hin reüssieren kann.

Natürlich lebt auch Bonnard nicht im Glauben, nur der Pauker sei ein guter, der sein Quantum an *Fünfen* bringt. Doch daß hier *SchülerInnen* durchgezogen werden, die das Arbeits- und Lernklima der Klasse enorm belasten, will er nicht einsehen. Bei einigen findet er die Leistungen so mies, daß sie schon im eigenen Interesse die Klasse noch einmal wiederholen sollten. Das aber passiert so gut wie nie.

Noch ziemlich im verborgenen prallen Mitte der neunziger Jahre pädagogische Welten aufeinander – eine schleichende von gestern und eine abrupte von morgen. Und so stieben im Fall Bonnard zwar besonders viele Funken, doch ist er keineswegs eine Ausnahme: Die meisten der importierten Französisch-, Englisch- und Lateinlehrer traten mit einem ähnlichen Elan an wie er. Und stoßen auf die gleichen Probleme – ein extrem unterschiedliches Leistungsniveau, das sie mit didaktischen Hilfskonzepten auszugleichen suchen, und eine Benotung durch heimische Kollegen, die auf Konfliktvermeidung zielt. Sie stoßen auf Schüler, die aggressiver und demotivierter sind, als sie das bisher kannten.

Tatsächlich platzen die Pauker von *drüben* in die psychologisch schwierigste Phase des Umbruchs, jene Zeit, in der die Euphorie bereits verflogen – der Platz in der neuen Gesellschaft jedoch meist noch nicht gefunden ist. Der Osten befindet sich auch Mitte der neunziger Jahre noch im Ausnahmezustand. Viele Bewohner sind überfordert mit dem Bewältigen des enormen technologischen und strukturellen Umbruchs, der das Land auf globale Tauglichkeit schleifen soll, mit Existenzängsten, Arbeitslosigkeit, fremden Spielregeln und einer verwirrenden Terminologie.

In das Verstörtsein und Aus-dem-Ruder-Laufen, das Unter-den-Teppich-Kehren und Die-Macht-Zurückerobern hinein schneien die Wessis, den Einheimischen scheinbar die Arbeitsplätze wegschnappend. Kommen Lehrer, die viel zu streng benoten und pädagogische Ansprüche im Gepäck haben, die wirken, als wollten sie einem den Spiegel vorhalten, die den ideologischen Altlasten auf die Finger schauen.

Niemand hat sie, die engagiert zu ihrem Arbeitsplatz im Osten aufbrachen, auf das vorbereitet, was sie erwarten könnte: Schüler, die in den existentiellen Umbruch der Familien hineingerissen wurden, ohne daß ihnen wirklich jemand beistand, ihnen glaubwürdige Autorität vermittelt hätte. Die demotivierten sind als die Jahrgänge des Wende-Aufbruchs, zugetrommelt zudem mit einer Perspektivlosigkeit, gegen die nun die heile Welt von gestern beschworen wird – eine DDR, die in fast täglich rosigerem Licht erblüht.

Die neuen Lehrer treffen auf Kollegen, denen ein

demokratisches Schulsystem übergestülpt wurde, ohne das lange Nachwirken ihrer Prägung in der Diktatur zu beachten. Die Ressentiments nicht anheizen, doch nie gelernt haben, eigene Positionen auch auszuhalten und damit schleichend das fortsetzen, was Usus war im DDR-Lehreralltag – wegschauen, Konflikte mit der Obrigkeit vermeiden, sich höchstens heimlich solidarisieren.

Und oft genug verfangen sich die Lehrer von *drüben* in einem Netz alter Kader, die den ersten Schock bereits überwunden und einander in neue Positionen gehievt haben. Pech für die Neuen, wenn solche gar in einer Schulleitung oder in übergeordneten Ämtern sitzen ... und dort fortsetzen, was sie zu DDR-Zeiten ausgiebig trainiert haben.

Mit einem Unterschied: Was früher zentralistisch geregelt wurde – das Fertigmachen und Entfernen unzuverlässiger Elemente aus dem Schuldienst –, erfordert in der neuen Gesellschaft subtilere Methoden: Reichen Kälte und Ablehnung im Lehrerkollegium nicht aus, kann man die Verbeamtung demonstrativ hinauszögern oder unliebsame Kollegen an eine Schule versetzen, die extrem weit vom Wohnort entfernt liegt ...

Was also Bonnard in einer Gegend widerfährt, die er schon bald die *Niederste Lausitz* nennen wird, erleben Lehrer-Importe in allen neuen Bundesländern, in unterschiedlichen Schärfegraden. Ihnen bleiben nicht selten drei Möglichkeiten: Sich anzupassen, um die Stelle zu behalten, und den Marsch in die innere Emigration anzutreten. Oder auf dem Sprung auszuharren, um sich bei der nächsten Gelegenheit rückversetzen zu lassen. Oder eben aufzubegehren – ein heikler Entschluß, der nicht selten mit dem Kopf an der Mauer endet.

Lehrer Bonnard, frisch vom Studium und noch immer voller pädagogischer Ideale, riskiert den Aufstand. Niemals hätte er sich träumen lassen, ihm würde eines Tages vorgeworfen, er könne mit Schülern nicht umgehen. Schon während des Studiums hatte er erfolgreich Latein und Geschichte unterrichtet, bei Zöglingen, die auch nicht als pflegeleicht galten. Hatte außerschulisch mit Kindern und Jugendlichen gearbeitet und immer wieder bestätigt bekommen, mit den ihm Anvertrauten gut umgehen zu können. Und nun das ... Er versucht, die *Null-Bock*-Jahrgangsstufe in die Unterrichtsplanung einzubeziehen und fordert sie auf, eine thematische Wunschliste für Geschichte zu erstellen. Das Ergebnis ist deprimierend: Ein einziger von zweiundzwanzig Schülern bringt einen Vorschlag ein, einen kleinen ...

Nach einem dreiviertel Jahr ist das Verhältnis zwischen ihm und dem Schulleiter hoffnungslos zerrüttet. Bei einer Hospitation konstatiert der Vorgesetzte ein irreparabel schlechtes Verhältnis zwischen Schülern und Lehrer. Bonnard wird vom Geschichtsunterricht suspendiert, Latein darf er weiterunterrichten. Deutlich empfiehlt der Direktor ihm einen Neuanfang an einer anderen Schule. Er will Ruhe im Revier, denn auch er hat eine Probezeit zu überstehen, um als Beamter die Pension des früheren Klassenfeindes genießen zu dürfen.

Bonnard ist empört – wird jetzt etwa ihm die Schuld an den Versäumnissen der letzten Jahre zugeschoben? Er erhebt Einspruch und schlägt statt seiner Suspendierung eine Fachkonferenz vor ...

Klar hat auch er das Bedürfnis, diesem Klima zu entfliehen, lieber heute als morgen – einer Liste hat er bereits entnommen, daß auch woanders im Osten Latein- und Geschichtslehrer gesucht werden. Doch es tut ihm leid um seine Latein-Schüler, mit denen die Arbeit gut läuft. Und er möchte standhalten, den Konflikten nicht ausweichen. Denn daß er den *roten Socken* ein *rotes Tuch* ist, scheint ihm der Hauptgrund des Wegbeißens zu sein. Er beantragt die Aufnahme in ein Brandenburger Studienprogramm, um neben seiner Arbeit das Fach *Politische Bildung* abzuschließen, das er partiell bereits an der Uni Bochum belegt hat; er könnte damit etwas Neues beginnen, hätte gleichzeitig aber auch Perspektiven an anderen Schulen.

Der Quertreiber soll sich nicht fortbilden, er soll fort! Statt einer Zusage erreicht ihn die offizielle Suspendierung ... ein erster Schritt zur Kündigung. Der Lehrer aus Nordrhein-Westfalen spürt, daß ein Neuanfang unumgänglich ist.

Die nächsten beiden Schuljahre finden wir den unbequemen Pauker an zwei anderen Gymnasien des Landkreises wieder, an denen er parallel unterrichtet. Das Klima ist hier gemäßigter, seine Arbeit beginnt sich ein wenig zu normalisieren. Im Fach Latein ist er fast der einzige Lehrer in der Umgebung, und mehr als Geschichte unterrichtet er nun Politische Bildung, wofür ihm vom Schulamt ein Zusatzstudium eingeräumt wurde, mit kaum nennenswerter Stundenreduzierung.

Im Herbst 1995 sieht Lehrer Bonnard erstmals seit langem wieder eine Perspektive für sich in der Lausitz. Er beantragt seine Verbeamtung und entfaltet Initiativen: Auf Anfrage des Ministeriums begutachtet er Latein-Lehrbücher; dem Schulamt bietet er Niederländisch als weitere Fremdsprache an, ein Fach, für das er in Münster bereits eine Zwischenprüfung abgelegt hat.

Doch er bleibt unbequem. Noch immer fordert er vom Schulrat eine Fachkonferenz zu Problemen, die er auch an den neuen Schulen beobachtet und die ihm von Kollegen aus anderen Kreisen bestätigt werden – Disziplinlosigkeit und Desinteresse an Geschichte und politischer Bildung, ein offenbar verbreitetes Phänomen unter Schülern. Nur sehr zäh verringert sich der Anteil jener, für die der Lehrer eine Kombination aus Showmaster, Märchenonkel und Notenauswurf-Maschine darstellt. Derer, die nur Schmusenoten bis zur 3 zu goutieren bereit sind und meinen, allein physische Anwesenheit müsse prämiert werden. Noch immer sind sehr viele nicht in der Lage, aus Texten wesentliche Informationen herauszuarbeiten; sie sehen den Wert selbständiger Arbeit nicht ein, vergessen das Gelernte schnell und reagieren gereizt, wenn es ihnen in einem neuen Zusammenhang abgefordert wird.

Nur zäh auch verringert sich unter den Lehrerkollegen die Zahl derer, die drohenden Konflikten mit Schmusenoten zuvorkommen.

Auch seine Suspendierung läßt ihn nicht ruhen. Verbissen kämpft er gegen den Direktor der alten Schule, der sein Revier weiter reinigt und in vorfristiger Planerfüllung bereits den nächsten *Wessi* abserviert hat, auf Amtsdeutsch *Nichtverlängerung der Probezeit* genannt. Wieso darf ein Lehrer, der in der Diktatur Parteisekretär war, in der Demokratie zum Direktor einer Schule aufsteigen? Auf eine solche Frage erhält Bonnard weder vom Schulrat noch vom Ministerium eine schlüssige Antwort.

Nun bleibt er selbst dran: Er reicht eine Dienstaufsichtsbeschwerde gegen seinen ehemaligen Chef ein und fordert die Aushändigung sämtlicher Protokolle und Briefe, die hinter seinem Rücken gegen ihn kursierten. Und er stachelt andere Betroffene zur Gegenwehr auf, statt in die innere oder äußere Emigration zu gehen. Seine Renitenz schafft ihm nicht nur Freunde. Am wenigsten bei den übergeordneten Stellen.

Das *Wessi-Mobben* geht weiter. Zwar verläuft es nicht überall so fulminant wie unter dem alten Direktor. Doch lebt es hier wie da vom Ungleichgewicht der Kräfte, von Macht und Ohnmacht und jenem Feld dazwischen, in dem sich das Spektrum begünstigender Verhaltensmuster entfaltet – das Mitmobben, die Häme, das Aufatmen, nicht selbst Zielscheibe zu sein, die vorsichtige Solidarisierung mit dem oder der Betroffenen. Und es lebt vom Nichtfunktionieren jener Instanzen, die zum Eingreifen verpflichtet wären.

Eine solche Instanz ist der zuständige Schulrat. Der aber greift nicht ein, er duckt ab. Er ist nett und konfliktscheu auf eine verhängnisvolle Weise. Wo klare Positionen gefordert wären, entdeckt er ein *Quentchen Wahrheit*, wo die Ursachen für Probleme klar zu benennen sind, glättet er und dämpft. Die Lehrer von *drüben* stimmen mit den Füßen ab, gegen ein noch immer verkrustetes Schulsystem. Bei einigen ist der Leidensdruck inzwischen derart hoch, daß sie bereit sind, drohende Arbeitslosigkeit in Kauf zu nehmen, nur um hier wegzukommen. Der Schulrat ist ihnen kein Beistand. Am wenigsten dem, der nun bleiben will – Lehrer Bonnard mit seinem penetranten Gerechtigkeitssinn und seiner anarchistisch anmutenden Art.

Der wirft dem Schulrat in immer länger werdenden Briefen vor, Entwicklungen, die sein Eingreifen erforderten, entweder nicht zur Kenntnis zu nehmen oder als Problem einzelner, überforderter Lehrkräfte hinzustellen. Sein Ton wird zynischer, zumal sich auch die Unterstützung des Potsdamer Ministeriums stark in Grenzen hält.

Nach drei Jahren Schule in der Lausitz zieht der Lehrer aus dem Ruhrgebiet eine erste Bilanz. Sein Latein-Unterricht läuft nach wie vor so, daß er ein Bleiben rechtfertigt. Die Hoffnung, daß sich die *Wendeschäden* der Schüler auswachsen könnten, hat sich als Illusion erwiesen. Auch eine 5 als Zensur ist noch immer so selten wie ein Sechser im Lotto, und wer die vergibt, versaut die Stimmung an der Schule, das gute Bild nach außen. Doch inzwischen leiden auch die ersten Ossis unter dem Schimmel des Alten. Ein kleines, unterirdisches Netz von *DissidentInnen* hat sich geknüpft – man informiert einander über interessante Fortbildungen, die meist außerhalb von Brandenburg stattfinden, trifft sich sporadisch zum Wundenlecken, hilft einander mit Tips.

Hoch bleibt die Fluktuation unter Lehrern von *drüben*, die für Mangelfächer wie Fremdsprachen oder Politische Bildung nach wie vor wichtig sind. Detailliert trägt Bonnard die ihm bekannten Fälle zusammen. Und schon ist nicht mehr zu übersehen, daß das Beamtenkarussell sich weitgehend ohne die West-Importe dreht, während man Hiesigen zuvorkommend auf die Plätze hilft ... insofern sie nicht durch selbständiges Denken bereits unangenehm aufgefallen sind.

Was hält ihn noch in der Braunkohle? Es sind die Schüler, mit denen es Spaß macht zu arbeiten, Kollegen aus Ost und West, für die das gleiche gilt – auch, wenn es nicht allzu viele sind. Ihn halten Freunde außerhalb des Bildungsbetriebs und eine durchaus reizvolle Landschaft.

Doch seine Haut ist dünner geworden, das Rennen

gegen Wände hat ihm gesundheitlich zugesetzt. Bonnard leidet unter Schlafstörungen und Schmerzen im Herzbereich. Therapeutisch läßt er seinen Zorn in eine frustdämpfende Terminologie münden: Aus dem Oberkreisschulrat wird der Oberkreiswackelpudding, aus der Schul- die Turnierleitung, die Chefin wird zur Domina, das Ministerium für Bildung, Jugend und Sport zum Ministerium für Bockmist, Jux und Schwachsinn ...

Leichter läßt sich das Ganze dennoch nicht ertragen.

Bonnard fühlt sich zerrissen. Er bietet weiterhin seine konstruktive Mitarbeit an – die Ausbildung von Latein-Lehrern, das Begutachten von Fachliteratur. Auf der anderen Seite attackiert er den Kreisschulrat mit einer Dienstaufsichtsbeschwerde, falls der seine Personalakte nicht endlich von allen diskriminierenden Dokumenten reinigt, präzise Aussagen zu seinem Mobbing-Fall trifft und Maßnahmen ergreift, um Lehrerkollegen vor jenem Schulleiter zu schützen, den er einen *intriganten Wendehals* nennt. Neben den üblichen Stapeln von Klassenarbeiten wühlt er sich nun noch durch Verordnungen und gesetzliche Bestimmungen. Er droht, den Datenschutzbeauftragten einzuschalten, vermißt die aus der DDR-Geschichte gezogenen Lehren.

Der Pädagoge ringt nicht nur in eigener Sache, er kämpft für die Brandenburger *Diasporaner*, wie er sich und seine gebeutelten Wessi-Kollegen nennt.

1997 erzwingt er eine Aussprache im Potsdamer Ministerium: Dort sieht er sich einer Fünfergruppe gegenüber und einer Atmosphäre, die ihn an Verhörszenen in Filmen erinnert. Im Zuckerbrot-&-Peitsche-Stil verdeutlicht man ihm zunächst, daß er mit seiner Personalakte wohl nirgendwo mehr eine Stelle finden dürfte. Der mehrfachen Aufforderung zur Mäßigung seines Verhaltens sowie dem hartnäckigen Übergehen der Gründe für seine Aggressionen folgt schließlich das Angebot der Schweigeprämie ... die Verbeamtung nach A 13-Tarif.

Genau daran aber ist Bonnard nicht mehr gelegen. Er zieht es inzwischen vor, in der Resistance zu bleiben, statt sich abhängig zu machen, denn er spürt, daß er unter diesem feigen Kreisschulrat vor die Hunde gehen würde. Obwohl er in der Schule einen ersten methodischen Achtungserfolg verzeichnen kann, ihn nun auch schon Ost-Kollegen beim Einbeziehen der Mitarbeit in die Benotung von Schülern unterstützen, kann er sich ein dauerhaftes Bleiben immer weniger vorstellen. *Lehrervortrag-Tafelanschrieb-Auswendiglernen-Test* ... *Lehrervortrag-Tafelanschrieb-Auswendiglernen-Test* ... er muß weg aus diesem Affenzirkus. Denn es sind nicht nur die Behörden, die ihm zusetzen, nicht nur die unterschwelligen Mobbing-Versuche, die er mit Gegenangriffen pariert. Es ist auch dieser bleierne Rhythmus, der seinen pädagogischen Elan mehr und mehr unterhöhlt.

»Mach dich unbeliebt und stell dann einen *Ausreiseantrag*«, hatte ihm einer geraten, »dann schieben sie dich ab!« Ausreiseantrag ... Abschieben – kommt ihm das nicht irgendwie bekannt vor?

Und wo könnte er seinen Hut in den Ring werfen – dort, wo er herkommt, in NRW? Er würde auch an einem anderen Platz im Brandenburgischen unterkriechen – von einem Kreis hat er gehört, in dem es aufgeschlossene Schulbehörden geben soll ... Wo aber liegt dieses Gelobte Land? Natürlich könnte er auch sein Niederländisch-Studium wieder aufnehmen ...

Als vor Weihnachten 1997 eine neue Mobbing-

Runde gegen ihn eröffnet wird, stellt er einen Versetzungsantrag. Und war er sich bis zu diesem Tag sicher, man würde ihm ein aufatmendes *Tschüß* nachwerfen, so zeigt sich nun, daß die Behörden Probleme haben, Ersatz für ihn zu finden: Sein Antrag verschwindet im Nichts. Sollte sich herumgesprochen haben, was hier los ist?

1998 befindet sich Lehrer Bonnard noch immer im Spagat zwischen Stamm- und Gastschule. Er erlebt eine weitere Denunziantenrunde – diesmal gilt sie nicht ihm, doch er wird den Delinquenten, den man im Schulamt vorgeladen hat, begleiten, um ihm den Rücken zu stärken.

Noch immer auch läuft das alljährliche Glückwunsch- und Beileidsspiel, wird verglichen, wie viele Wessis diesmal die *Ausreise* geschafft haben.

Man tauscht sich mit Kollegen in Nordrhein-Westfalen aus – dort quittiert man die Ost-Verhältnisse mit Kopfschütteln, notiert allerdings auch im eigenen Schulbereich ein schleichendes Bergab.

Andererseits sind feine Veränderungen zu beobachten. Anecken scheint kein *Privileg* mehr für die von drüben zu sein: An ihren Gesprächskreisen beteiligen sich zunehmend auch mobbinggebeutelte Ossis, sie werden tröstend ironisch zu *Ehrenwessis* ernannt. Im Gegenzug haben sich einige der Westler schleimend *ossimiliert* ...

1998 schiebt der unbequeme Lehrer den zweiten Versetzungsantrag hinterher ... und der wird endlich genehmigt: Seine Fron ist abgelaufen, zum Februar 1999. Schon vor ihm hat ein Latein-Lehrer *Stolpe-Country* verlassen, auch er zermürbt durch jahrelange Intrigen: Ausgebildet in Theologie und Latein wäre er für den Fächerkanon *Lebenskunde-Ethik-Religion* prädestiniert gewesen, doch wurde statt seiner eine *rote Socke* nachbestallt.

Nach sechs Jahren Lausitz steht Peter Bonnard vor der Heimkehr. In Treue fest gestaltet er das Lebewohl – mit einer Dienstaufsichtsbeschwerde gegen seine letzte Chefin sowie Vorschlägen zu den Rahmenplänen in Politischer Bildung.

Mit einem letzten Brief an seinen *Klub der Heimatvertriebenen und Entnervten, Sektion Brandenburg* verabschiedet er sich – er wird in eine Gesamtschule in Olfen wechseln, im Speckgürtel des Ruhrgebietes. Bonnard ist erleichtert und doch stärker angeschlagen, als er sich bewußt ist. Nie hätte er es als überzeugter Linker für möglich gehalten, daß Ost/West-Animositäten jemals auf ihn übergreifen könnten. Er müßte das alles aufschreiben, was er erlebt hat ...

Das neue Jahrtausend findet den Lehrer in den Niederlanden wieder. Den Job an der Gesamtschule hat er quittiert, obwohl die Atmosphäre dort angenehmer, der Kreis der Kollegen größer war, mit denen man offen über Schulprobleme diskutieren konnte. Und obwohl er in Olfen eine Schulleitung erlebt hat, die souverän mit unterschiedlichen pädagogischen Auffassungen umging. Warum also ist er gegangen? Als der erste größere Konflikt in einem Team, in dem er sich wohlfühlte, ausgerechnet mit dem Kollegen drohte, mit dem er am engsten hätte zusammenarbeiten müssen, brachen plötzlich wieder alle *Brandenburger Symptome* in ihm aus. Er spürte, daß er einen stärkeren Bruch braucht: Als sich die Chance einer Kurzausbildung als *Customer Support Representative* bei IBM in den Niederlanden bot, griff er zu und ging entschlossen nach Den Haag.

Nein, er bereut diesen Schritt nicht, auch wenn er

in einem Studentenwohnheim untergekommen ist, das den Charme einer Flüchtlingsunterkunft versprüht. Auch wenn er bei IBM weniger verdient – er fühlt sich befreit, erst jetzt. Er braucht eine Aus-Zeit vom Lehrerdasein. Die Arbeit in einer Multi-Kulti-Truppe, in der es mehrsprachig zugeht und die Stimmung locker ist, empfindet Bonnard als wohltuend. Sucht ihn ein Tief heim, dann reicht die Erinnerung an die Brandenburger Schulbehörden, und schon geht es wieder bergauf mit ihm. Nach wie vor steht er in Kontakt mit ehemaligen Kollegen: Das Mobben soll weitergehen, nun schon fast gleichermaßen Ossis wie Wessis treffen. Wenigstens auf dieser düsteren Linie scheint sich die deutsche Einheit zu vollziehen.

Wie hoch die Zahl der im Lauf von acht Jahren aus Brandenburg zurück Geflohenen tatsächlich ist, wird niemals öffentlich werden, da ist er sich sicher – wo Schmusezensuren vorherrschen, wird es auch zu einer Schmusestatistik reichen.

Wie auch immer, Bonnard hat nicht die Absicht, den Beruf an den Nagel zu hängen. Er wird sein Examen in Niederländisch machen und dann vermutlich in die Pädagogik zurückkehren – als Lehrer in den Niederlanden. Oder in NRW. Vielleicht wird er sich auch in Berlin bewerben, mal sehen. Das einzige, was derzeit wirklich feststeht: Er wird während der nächsten freien Tage zu seiner Freundin fahren – ins schöne Brandenburg. Und dort nebenbei alte Bekannte treffen, soweit die noch da sind.

Zehn Jahre deutsche Einheit – doch noch sind sich Ost und West nicht sehr viel nähergekommen. Was bewegt die Menschen in den neuen Ländern jenseits der großen Schlagzeilen? Birgit Lahann hat bekannte Ostdeutsche aus Kultur und Politik befragt, darunter Heiner Müller, Tamara Danz, Hermann Kant, Friedrich Schorlemmer, Christa Wolf, Frank Castorf und Walter Janka. Sie sprach mit Idolen und Aufsteigern, aber auch mit Vergessenen und Gestrauchelten. Eine spannende Sammlung von Innenansichten aus dem Osten, die erklärt, warum sich so viele nicht von ihrer Vergangenheit lösen wollen.

Birgit Lahann

Geliebte Zone
Geschichten aus
dem neuen Deutschland

Mit Fotos von Ute Mahler und einem Vorwort von Thomas Brussig

Econ | **ULLSTEIN** | List